마음아 행복하여라

마음아
행복하여라

2018 ⓒ 마가, 법륜, 서광, 원빈, 정목, 혜민

1판 1쇄	2018년 9월 7일
1판 3쇄	2020년 2월 20일
지은이	마가, 법륜, 서광, 원빈, 정목, 혜민
펴낸이	남배현
기획	모지희
책임편집	박석동
펴낸곳	모과나무
등록	2006년 12월 18일 (제300-2009-166호)
주소	서울시 종로구 종로19, A동 1501호
전화	02-725-7011
전송	02-732-7019
전자우편	mogwabooks@hanmail.net
디자인	동경작업실
ISBN	979-11-87280-27-9 (03220)

이 도서의 국립중앙도서관 출판예정도서목록(CIP)은
서지정보유통지원시스템 홈페이지(http://seoji.nl.go.kr)와
국가자료공동목록시스템(http://www.nl.go.kr/kolisnet)에서
이용하실 수 있습니다.(CIP제어번호: CIP2018026271)

지혜의 향기로 마음과 마음을 잇습니다.

마음아
행복하여라

허기진 마음을 채우려 밖으로 헤매는 현대인을 위한 행복 메시지

마가 | 법륜 | 서광 | 원빈 | 정목 | 혜민

모과
나무

隨處作主 立處皆眞

어디를 가든지 그곳에서 주인이 되면

서 있는 그곳이 진리가 되리라

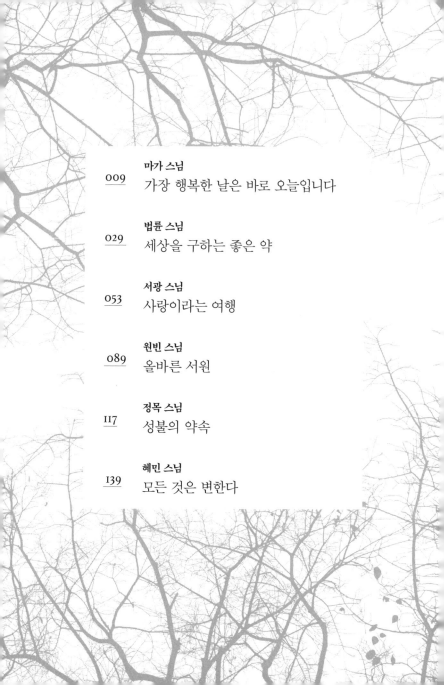

가장 행복한 날은

바로 오늘입니다

마가 스님

중앙승가대학교를 졸업한 후 속리산 복천암선원을 시작으로 미얀마, 프랑스, 인도에서 수행했다. 마음속 근심 걱정을 놓아버리고 '지금 이 순간' 행복할 수 있는 자비명상의 세계로 안내하기 위해 2002년 공주 마곡사에서 '자비명상 템플스테이'를 진행하는가 하면, 2003년부터 2011년까지 중앙 대학교에서 〈내 마음 바로 보기〉라는 수업을 맡아 '1초 만에 수강신청이 마감되는 스님'으로 유명했다. 최근까지 한국마음 치유협회 회장과 동국대학교 정각원 교법사로 있으면서 서로 소통할 수 있는 지혜와 사랑을 전하는 데 온 힘을 기울여왔다. 현재 (사)자비 명상 이사장과 홍은동 현성정사 주지로 있으며, 다음세대희망본부 불교위원회 대표와 한국명상지도자협회 지도교수를 겸하고 있고, 노량 진 마음충전소를 통하여 고민하고 힘들어하는 청년들의 멘토가 되어 주고 있다. 또한 BBS불교방송 TV 〈마가 스님의 마음톡, 그래도 괜찮 아!〉 마음 토크 진행자로 시청자들과 함께 웃고, 슬픔을 나누고, 서로를 응원하는 치유의 시간을 보내고 있다. 지은 책으로 《고마워요 자비 명상》, 《내 안에서 찾는 붓다》, 《내 마음 바로 보기》, 《알고 보면 괜찮은》, 《나를 바꾸는 100일》, 《마음충전》 등이 있다.

자비명상 홈페이지 www.jurira.org
자비명상 카페 www.jurira.net
페이스북 www.facebook.com/maggasunim
트위터 @gomagga

가장 행복한 날은 바로 오늘입니다.

숨을 깊이 들이마시고 내쉽니다.

내 인생에서 가장 최고인 날은 언제입니까?

바로 오늘입니다.

어제는 지나버린 오늘이고 내일은 다가오는 오늘입니다.

그러므로 오늘 하루를

내 삶의 전부로 느끼며 살아야 합니다.

《벽암록碧巖錄》에 나오는 말씀입니다.

오늘! 지금 이 순간 나는 무슨 씨앗을 심고 있습니까?

지금 이 순간 나의 행동과 나의 말

그리고 나의 생각은 나의 미래가 됩니다.

내 남은 생애 내가 가장 젊은 날은 바로 오늘입니다.

내 남은 생애의 첫날도 바로 오늘입니다.

눈을 감고 마음속으로 관세음보살님의

자비로운 미소를 떠올려봅니다.

'자비' 하고 낮게 불러봅니다. 어색해도 한번 해보세요.

지금 이 순간 내 마음은 어떤가요?

눈을 뜨고 양손을 턱에 괴고 꽃받침을 만듭니다.

"부처님 저 예뻐요?" 말해봅니다.

부끄러워 웃음이 나와도 한번 해보세요.

지금 이 순간 내 마음은 어떤가요?

내 안에 무엇이 그 말 한마디를 못하게 가로막고 있나요?

내 안에 무엇이 들어있나요?

마음이 시키는 대로 하는 사람을 마음의 노예라 합니다.

마음의 노예는 힘들고 괴롭고 불행한 삶을 삽니다.

지금 이 순간 일어나는 내 마음을

바로 보는 사람을 마음의 주인이라 합니다.

마음의 주인은 자유롭고 평온하고 행복한 삶을 삽니다.

부처님은 마음의 노예에서 벗어나

마음의 주인이 되는 공부를 가르쳐주셨습니다.

마음이 시키는 대로 하는 우리는 화내고 싶으면 화내버리고, 욕하고 싶으면 욕해버리고, 고집 피우고 싶으면 고집 피우고, 하기 싫으면 안 해버립니다. 내 안에 어떤 놈이 들

마가 스님

어 있길래 그놈이 시키는 대로 합니다. 지금 이 순간 마음의 노예에서 벗어나 내가 내 마음의 주인이 되는 공부를 해야 합니다.

오랫동안 감춰뒀던 마음의 사진기를 하나 꺼내보겠습니다. 신기한 물건을 봤을 때 아름다운 풍광을 봤을 때 귀여운 아이를 만났을 때 우리는 사진을 찍습니다. 양손 엄지와 검지로 나만의 사각 사진틀을 만듭니다. 그럼 마음의 사진기가 준비된 것입니다. 손을 벌려 사진틀을 줄여도 보고 서서히 넓혀도 봅니다. 주위를 둘러보고 사진을 찍어봅니다.

사진을 찍으면서 소리도 내봅니다. 찰칵!
당신은 어떤 장면을 찍으셨나요?
손을 점점 크게 벌릴수록 사진기가 커지고
그 안으로 더 큰 장면이 눈에 들어옵니다.
손가락 사진틀이 내 눈에 안 보일 때까지 넓혀보십시오.
잊지 말아야할 것은

'그래, 괜찮아 그럴 수도 있어.'
'너는 잘할 거야, 너는 멋있어.'
이런 말을 하면 할수록
내 마음이 넓어집니다.

지금 이 순간 나는 어떤 장면을 찍고 있는지
그걸 보는 겁니다.
이것이 바로 내가 나를 보는 방법입니다.
나는 어떤 마음의 크기로 어떤 장면을 찍고 있는가.
그것을 보면 나라는 사람을 알 수 있고 나아가서
우리가 서로 함께 행복해질 수 방법을 찾을 수 있습니다.

손톱만한 사진을 찍었다면 지금 이 순간 나의 마음은 딱 그만큼이라는 말입니다. 이런 사람을 부르는 말이 있지요? 맞습니다, '밴댕이'입니다. 속 좁은 사람, 고집 센 사람, 자기만 아는 사람, 남의 단점 꼬집기 좋아하는 사람, 다혈질인 사람의 마음 사진은 무엇을 찍었는지 알아볼 수 없을 정도로 작습니다. 너무 작아서 도무지 다른 걸 볼 수 없지요. 그 사진기 속에는 내가 옳고 너는 그르다, 내가 최고이고 너는 틀렸다, 이런 건 나만 하는 거다, 이런 마음이 들어 있기 때문인데 불교에서는 이것을 아상我相이라 합니다.

반대로 경계가 어디인지 알 수 없을 정도로 큰 사진을

찍은 사람, 사각 틀이 눈앞에서 사라진 사람은 넓은 마음을 가졌을 겁니다. 성인, 군자, 대인이라 하고 불교에서는 아라한阿羅漢, 부처라고 합니다.

우리는 저마다 마음의 안경을 끼고 삽니다.
자기가 보고 싶은 것만 보려하고
보기 싫은 것은 안 보려 합니다.
마음의 안경을 벗고 지금 이 순간
내가 내 마음을 보는 것 그것을 명상이라 합니다.

말은 행복 씨앗입니다.
'그래, 괜찮아 그럴 수도 있어.'
'너는 잘할 거야, 너는 멋있어.'
이런 말을 하면 할수록 내 마음이 넓어집니다.

'안 돼.' '그런 게 어딨냐, 에이.'
'너는 그게 문제야.'
이런 말을 하면 할수록 내 마음이 좁아집니다.

마가 스님

내 앞에 일어나는 모든 상황에서 우리는 선택을 할 수가 있습니다. 행복의 말을 심을 수도 있고 불행의 말을 심을 수도 있습니다. 행복한 말을 심으면 행복한 삶을 거두게 되고 불행의 말을 심으면 불행한 삶을 보게 됩니다.

행복해지고 싶지 않은 사람이 있을까요?

그런데 사는 현실이 괴롭고 힘들다고 다들 아우성입니다. 왜 그럴까요? 내 안에 과연 무엇이 들어 있어서 나를 그렇게 힘들게 하는지, 왜 이렇게 고통스러운 삶을 사는 것인지 알고 싶지 않으신가요? 한번 같이 해보시지요.

이제까지 살아오면서 겪었던 이런저런 괴로운 일들, 아픔을 적어봅니다. 내가 이해 못했던 마음에 들지 않았던 사람을 떠올려봅니다. 불편했던 순간, 화냈던 순간, 억울했던 순간들을 떠올리면서 하나하나 적어봅니다.

잠시 눈을 감습니다. 들숨 날숨에 집중합니다.

그리고 눈을 뜬 후 불편한 마음들이 적힌 종이를 봅니다. 그것이 내가 아닌 누군가의 일이라고 생각하고 바라봅니다. 지금 이 순간 어떤 느낌이 드나요?

그 사람에게 이렇게 말해줍니다.

당신은 귀한 분입니다.
당신은 이 세상에서 하나밖에 없는
무엇과도 바꿀 수 없는 소중한 분입니다.
당신도 나와 똑같이
슬픔과 외로움과 절망을 겪어 알고 있습니다.
당신도 나와 똑같이 삶에 대해 배우고 있습니다.
당신도 나와 똑같이 고통을 피하려 하고 있습니다.
당신께서 욕심내고 화내고 어리석은 마음에서 벗어나
진정 행복하길 바랍니다.
당신이 근심과 고통에서 벗어나 행복을 얻길 바랍니다.
나는 당신을 존경합니다.
나는 당신이 자신의 인생에서 주인공이 되길 바랍니다.
나와 만난 인연으로 당신이 행복하길 바랍니다.

마가 스님

이것이 관세음보살의 마음입니다.

관세음보살은 중생의 아픔과 늘 함께하고 고통을 어루만져주시는 어머님과 같은 분입니다. 어머니가 자식의 눈물을 닦아주듯 안아주고 품어주는 분입니다. 자신을 위해서 또한 타인을 위해서 자비의 마음을 일으킨 당신이 바로 관세음보살입니다.

지금 이 순간 어떤 느낌이 드십니까?

부처님께서는 세 가지 진리를 말씀하셨습니다.
첫째, 사람은 반드시 죽습니다.
둘째, 언제 죽을지 모릅니다.
셋째, 죽을 땐 아무것도 가져가지 못합니다.

그렇다면 어떻게 살라는 말일까요?
자기가 지은 복은 자기가 가져간다 했습니다. 복이란 내 것을 꺼내서 나누는 겁니다. 남의 것을 꺼내서 나누는 사람은 도둑이라 하지요. 흔히 '복을 까먹는다'라고 말하는데 어떤 사람이 그럴까요? 입으로 투덜거리며 불행의 씨앗을 심고 옆 사람에게 불쑥 신경질 내고 찡그리며 사는 사람이 그렇습니다. 그러면 어떻게 해야 어마어마한 복을 지을 수 있을까요?

만나는 모든 이를 부처님 대하듯이 하면 됩니다. '당신을 존경합니다.' '당신은 귀한 분입니다'라고. 그 사람의 행복을 바랄 때 무량대복을 짓는 것입니다.

부처님께서는 오늘 나에게 닥쳐오는 일은 과거에 뿌린 씨앗이 열매가 되어서 오는 것이라 했습니다. 또한 오늘 내가 뿌리는 씨앗은 미래에 열매가 된다고 하셨습니다. 지금 이 순간 어떠한 복의 씨앗을 심을지는 자신에게 달려있습니다.

오로지 불상 앞에서만 절을 하면 불쌍한 사람이 됩니다. 어떤 신도님은 절에 와서 불상 앞에 앉으면 절을 정말 정성껏 열심히 합니다.

삼천배를 자주 하기도 합니다. 왜 절을 하시냐고 물으니 남편이 건강했으면 좋겠고 사업도 번창했으면 해서 삼천배

내 부처님은 누구입니까?
법당에 앉아 계신 불상이 내 부처님인가요?
남편과 아내와 자식이 내 부처님인가요?
바르게 보셔야 합니다. 사찰은 연습하는 곳입니다.
실전은 집에 가서 자신의 생활에서 하셔야 합니다.

를 하신다는 겁니다. 그렇게 어느 날도 절에 오셔서 불상 앞에서 열심히 절을 하고는 집으로 돌아가셨습니다. 그런데 그날 저녁 그분이 눈에 퍼래져서 다시 절에 오셨습니다. 어찌된 일이냐 물으니 "저놈의 인간 때문에 못 살겠어요, 스님. 헤어져야겠어요" 하시는 겁니다. 집에 돌아가셔서 남편과 싸우고 화가나서 다시 절에 오셨다는 겁니다.

그래서 제가 제안을 하나 했습니다. "좋습니다. 그런데 헤어질 때 헤어지더라도 삼천배를 한 번 더 해봅시다. 2,999배는 여기서 하고 마지막 삼천 번째의 절은 남겨뒀다가 남편에게 그 절 한 번 하고 헤어집시다"라고 하니 그분도 좋다고 하시며 절을 열심히 하고는 집에 가서 30년 동안 같이 살아온 남편에게 마지막 절을 했다고 합니다. 그랬더니 하직 인사를 하는 부인에게 남편이 퉁명스럽게 한마디 했답니다. "미안해!"라고요.

다시 절을 찾은 신도님은 "스님, 안 되겠어요. 아무래도 이번 생은 저 인간하고 살아야 할 것 같아요" 하는 것 아닙니까. 이쯤 되면 부처님도 난감하시지 않을까요? 한 번은

마가 스님

남편 잘 되게 해달라고 기도하고, 다음에는 제발 헤어지게 해달라고 기도하고, 다시 와서는 다시 잘살게 해달라고 기도하고….

내 부처님은 누구입니까? 법당에 앉아 계신 불상이 내 부처님인가요? 남편과 아내와 자식이 내 부처님인가요? 바르게 보셔야 합니다. 사찰은 연습하는 곳입니다. 실전은 집에 가서 자신의 생활에서 하셔야 합니다. 하늘에서 내리는 비가 어디든 가리지 않고 내리듯이 부처님 은혜도 마찬가지입니다. 그처럼 내 가족 내 이웃에게 묻지도 따지지도 말고 내가 먼저 하면 됩니다. 내가 먼저 웃을 때 우리집에 웃음꽃이 피고 그 전에 내 마음 속에 꽃이 핍니다. 내가 행복해집니다. 얼굴과 낙하산은 펴져야 삽니다. 살아가는 지혜가 여기에 있는 겁니다.

우리는 모두 행복을 원합니다.
행복하기를 바라시지요?
제가 방법을 알려드리겠습니다.

은행에 가서서 열심히 적금통장에 저축을 하듯이
적선통장에 매일매일 선을 저축하십시요!
선이 쌓이고 쌓이면 언제가 다시 나에게로 돌아옵니다.

미래는 안 봐도 알 수 있습니다. 모든 것은 내가 지어서
내가 받습니다. 내 자리에서 내 역할을 잘할 때 스스로 빛
나는 주인공이 됩니다. 아내 옆에서는 남편 역할을, 남편
옆에서는 아내 역할을, 자식 앞에서는 부모 역할을 하는
겁니다. 배우자 옆에서 선생님 역할을 하거나, 아이들 앞에
서 판사 역할 한다면 자기 자리를 모르는 겁니다. 스스로
인생의 주인공이 되는 길, 바로 수처작주隨處作主 입처개진
立處皆眞, 이 한마디에 있습니다.

아무도 내 인생을 대신 살아주지 않습니다. 지금 이 순
간 내가 맡은 역할을 잘 알고 그 일을 피하지 않고 능히 해
낼 때 나는 행복해집니다.

이제 평안한 마음으로 되뇌어봅니다.

나는 하나밖에 없는 무엇과도 바꿀 수 없는

마가 스님

귀한 나 자신에게 자비의 마음을 보냅니다.

내가 욕심에서 벗어나길 바랍니다.

내가 화냄에서 벗어나길 바랍니다.

내가 어리석음에서 벗어나길 바랍니다.

내가 고통에서 벗어나 행복하길 바랍니다.

내 가족들이 욕심내고 성내고 어리석게 구는

삼독三毒에서 벗어나 진정으로 행복하길 바랍니다.

내 가족들도 나와 똑같이

슬픔과 외로움과 절망을 겪어 알고 있습니다.

내 가족들은 나의 부처님입니다.

내 가족들에게 화냈던 것 미안합니다.

사랑하는 내 가족들을 아프게 했던 것 참회합니다.

가족으로 인해 내 삶이 빛나고 있습니다.

내 곁에 있어준 가족들, 감사합니다.

내가 자유롭기를 바라는 것처럼

모든 살아 있는 생명이 자유롭기를 바랍니다.

내가 평온하길 바라는 것처럼

살아 있는 모든 생명이 평화롭길 바랍니다.
내가 행복하길 바라는 것처럼
살아 있는 모든 존재들이 행복하길 바랍니다.

지금 이 순간 살아 있음이 감사합니다.

마가 스님

세상을 구하는

좋은 약

법륜 스님

메마른 세상에 평화와 행복의 메시지를 전하고 있는 수행자이자 제3세계를 지원하는 구호 활동가이며, 인류의 문명전환을 실현해가는 사상가다.

특히 현대인들의 불안과 소외감이 개인의 문제를 넘어 사회적 문제로 대두되고 있는 가운데, 쉽고 명쾌한 '즉문즉설卽問卽說'로 사람들에게 괴로움에서 벗어나 행복하게 사는 지혜를 전하고 있다. 법륜 스님의 즉문즉설은 책뿐만 아니라 팟캐스트, 유튜브 등의 매체를 통해 전 세계 어디서나 접할 수 있는데 유튜브 누적 조회수 1억 뷰를 넘어 화제가 되었다. 또 개인의 행복과 사회문제는 결코 둘로 나누어 볼 수 없다는 생각을 바탕에 두고 환경·구호·평화통일 운동도 실천해오고 있다.

이러한 공로를 인정받아 2002년에는 아시아의 노벨평화상이라 불리는 라몬 막사이사이상(국제평화와 이해 부문)을, 2007년에는 민족화해상을, 2011년에는 포스코 청암상(봉사 부문)을 수상했다.

지은 책으로는 《스님의 주례사》, 《엄마 수업》, 《인생 수업》, 《방황해도 괜찮아》, 《새로운 100년》, 《지금 여기 깨어 있기》, 《법륜 스님의 행복》, 《야단법석》 등 다수가 있다.

정토회 www.jungto.org
법륜 스님의 행복톡 http://pf.kakao.com/_AyfyV
유튜브 https://www.youtube.com/jungtosociety
법륜 스님의 즉문즉설 pomnyun.tistory.com
페이스북 www.facebook.com/ven.pomnyun
트위터 @pomnyun_letter
법륜 스님과 함께하는 행복학교 hihappyschool.com

옛날 인도에는 '삼종지도三從之道'라는 풍습이 있었습니다. 여인은 일생동안 주인이 세 번 바뀐다는 것입니다. 어릴 때는 아버지, 결혼하면 남편, 남편이 죽으면 아들이 여인의 주인이라는 말인데 연세 드신 분들은 지금은 폐지된 과거의 호주戶主 제도를 잘 아실 것입니다. 어릴 때는 아버지가 호주이고, 결혼하면 남편이, 남편이 죽으면 아들이 호주가 되었지요.

이런 시대였으니 여인이 스스로 행복을 찾지 못하고 스스로 자기 삶의 주인이 되지 못했습니다. 그래서 어릴 때는 좋은 아버지를, 결혼할 때는 좋은 남편을, 늙어서는 좋은 아들을 둬야 행복한 여인이라고 여겼습니다.

그런데 어느 날, 싯다르타 태자가 말을 타고 길을 가는데 어떤 여인이 지나가는 태자를 보고 이렇게 노래했다고 합니다.

"저런 분을 아버지로 둔 여인은 행복하겠다."

"저런 분을 남편으로 둔 여인은 행복하겠다."

"저런 분을 아들로 둔 여인은 행복하겠다."

이렇게 한 여인으로부터 '저런 아버지, 저런 남편, 저런 아들을 둔 여인은 얼마나 행복하겠느냐'라고 칭송을 받았던 태자였지만, 정작 본인은 행복하지 않았습니다.

부처님은 왕자로 태어나서, 왕위를 이을 분이었습니다. 물질적으로 풍요로웠고, 사회적 지위도 높았으며, 인기도 좋았습니다. 쉽게 이야기하면 남부러울 게 하나도 없는 분이었습니다. '과연 저 사람에게도 무슨 걱정이 있을까'라고 생각되어지는 분이었지요. 그렇지만 태자는 정작 고민이 많았습니다.

우리는 경제적으로 여유가 있고, 사회적 지위가 높고, 인기가 있으면 행복할 줄 압니다. 그래서 그렇게 되게 해달라고 부처님께 기도하곤 합니다. 그런데 부처님은 그 모든 걸 누리고 있었지만 그것만으로 인간이 행복해지지 않는다는 사실을 경험했기 때문에 그 모든 것을 버리고 출가를 하셨습니다.

진정한 행복을 불교에서는 '열반涅槃'이라고 합니다. 또한 진정한 자유를 '해탈解脫'이라고 말합니다. 그러니까 부처님은 해탈과 열반을 찾기 위해 그 많은 부와 지위, 인기를 모두 다 내려놓았습니다. 그리고 새로운 길을 찾아 나

법륜 스님

섰습니다. 마침내 자유와 행복, 해탈과 열반을 증득하셨습니다.

그런데 지금 우리들은 부처님께서 다 버린 그 부와 권력과 명예를 얻기 위해서 부처님께 자꾸 달라고 빕니다. 우리는 부처님과 같은 지위에 올라가 본 적이 없기 때문에 내가 돈만 많으면, 지위만 높으면, 인기만 많으면 행복할 거라고 막연히 생각합니다. 하지만 부처님은 그런 것이 행복을 가져다주지 않는다고 분명하게 가르쳐주셨습니다.

우리가 살아가는 데는 돈이 필요합니다. 사회적 지위가 있으면 편리합니다. 다른 사람들이 나를 좋아하면 그것도 역시 좋습니다. 그러나 돈은 우리가 생활하는 데 필요한 것이지 내 삶의 주인은 아닙니다. 그런데 가만 보면 돈이 주인이고 사람은 거기에 얽매여 종노릇을 합니다. 돈의 노예가 됐다는 말입니다. 어떤 이는 자신의 지위가 마치 자신인 줄 착각합니다. 옷처럼 입었다 벗어놓는 지위를 가지고 그게 자기라고 착각을 하니 지위가 없어지면 자기 자신이 없어지는 것처럼 공황恐慌 상태에 빠집니다. 인기도 자신이 아닙니다. 그런데 인기를 '나'로 삼기 때문에 인기가

지금 우리들은 부처님께서 다 버린

그 부와 권력과 명예를 얻기 위해서

부처님께 자꾸 달라고 빕니다.

우리는 부처님과 같은 지위에 올라가 본 적이 없기 때문에

내가 돈만 많으면, 지위만 높으면, 인기만 많으면

행복할 거라고 막연히 생각합니다.

떨어지면 정신을 못 차립니다. 돈이든 지위든 인기든, 그런 것이 자신이 아닌 줄 알면 겸손해집니다. 돈이 있어도 검소하게 살 수 있고, 지위가 높아도 겸손하게 살 수 있습니다. 그런 생활에서 오는 편안함과 만족도는 이루 말할 수가 없습니다.

부처님 법은 불교 믿으면 잘 먹고 잘살게 된다더라 하는 가르침이 아닙니다. 잘 먹고, 잘 입고, 사는 데 아무 문제가 없는 데도 생기는 인간의 고뇌가 무엇인지 깊이 연구해서 그 고뇌를 해결하는 것이 수행입니다. 부처님은 높은 지위도 버리고, 좋은 옷도 벗어 던지고, 맛있는 음식도 마다하셨습니다. 버려진 옷을 주워 입고, 나무 밑에서 잠을 자고, 맨발로 다니고, 남의 집에서 밥을 얻어먹으며 사셨습니다. 그러나 그분은 행복하셨답니다.

먹고살 만한 사람들이 그들이 짊어지고 있는 삶의 고뇌를 스스로 벗어나기 위한 처방약은 이제 부처님 법밖에 없다고 자각하는 시대가 왔습니다. 미국이나 유럽에서 부처님 법이 급속도로 퍼져나가는 이유가 여기에 있습니다. 종교를 믿고 안 믿고를 넘어서서 인간의 고뇌를 해결하는 데 부처님 법이 보편적으로 요구되는 시대에 살고 있다는 말입니다. 부처님 가르침의 측면에서 볼 때 새로운 불법의 꽃이 필 아주 좋은 조건 속에 지금 우리는 살고 있습니다.

문제는 여러분이 불법에 귀의해서 법의 가피를 입어야 하는데 아직도 물질만 쳐다보면서 복을 구하기 때문에 불법이 얼마나 위대한지 얼마나 소중한지 모르고 있습니다. 그렇다보니 부처님 법을 전할 때 자신감이 떨어집니다. 여러분들이 조금만 더 법의 가피를 입게 되면 그 위대함을 저절로 알게 됩니다. 그렇게 되면 믿으려고 노력하지 않아도 저절로 믿어지고 저절로 고개가 숙여져 불법에 귀의합니다. 내가 가진 인생의 고뇌를 부처님 법문을 듣고 해결하고, 부정적인 습관들을 수행을 통해 긍정적으로 바꾸어나갈 때 '내가 불법을 만나지 않았으면 어쩔 뻔 했을까?' 하면서 고마운 마음이 생깁니다.

고마운 생각이 든다면, 이런 좋은 법을 나만 알고 있으면 되겠나 싶습니다. 고뇌하는 다른 사람들의 상황을 보면서 '나도 저랬는데'라고 공감하게 되고 '저분들도 나처럼 이 법을 만나 저 고뇌에서 벗어나면 얼마나 좋을까?'라는

법륜 스님

생각이 듭니다. 그러면 전법은 저절로 됩니다. 주위에 힘들어 하는 사람이 있다면 그 사람의 고뇌를 들으면서 "저도 옛날에 그랬습니다"라고 우선 공감해주는 것이 중요합니다. "나도 남편 때문에 힘들었어요" "나도 자식 때문에 힘들었어요" "나도 부도가 나서 힘들었어요" "나도 몸이 아파서 힘들었어요" 하고 공감을 해줘야 합니다.

자신이 법문을 듣고 수행을 해서 조금씩 나아졌다는 상황을 알리면서 권하면 좋습니다. "옛날보다 조금 좋아졌어, 지금도 좋아져 가고 있는 중이야" 하고 이야기를 하면 서로 공감하게 됩니다. 너도 한번 법문을 들어보라고 권하고, 책을 읽어보라고, 수행을 해보라고 권하면서 인도하는 것이 바로 전법입니다.

이렇게 자연스럽게 전법을 하려면 무엇보다 먼저 자기가 수행을 해서 경험을 해봐야 합니다. 자기가 효험을 보지도 않고 지식으로만 알고 남에게 권유할 때는 설득력이 떨어집니다. 내가 직접 해보고 효험을 보면 자신감이 생깁니다. 법을 전할 때 정말 남을 위해서 자비심으로 해야 합니다. 그리고 마지막으로 염두에 두어야 할 것은 전법을 하는 데도 분명한 한계가 있다는 사실입니다. 이 세상 모든 사람에게 전할 수는 없습니다. 그러나 불법과 인연이 없는 사람에게도 그의 괴로움이 조금이라도 덜어지도록 기도하는 자세가 필요합니다. 이것이 바로 대승불교의 발원입니다.

명상에 대한 관심이 높아지면서 나를 찾는 게 중요하다, 나를 보아야 한다는 말을 흔히 합니다. 그럼 과연 나는 누구일까요?

택시를 타면 승객이고, 가게에 가면 손님이고, 아들을 만나면 엄마고, 어머니 앞에서는 딸이고, 절에 오면 신도인 나는 도대체 누구인가요? 이중에 어느 것이 진짜 나입니까?

나라는 사람은 인연따라 늘 이렇게도 저렇게도 불립니다. 나는 그 무엇도 아닌 것이지요. 상황에 따라 무엇이라고 불릴 뿐이지 사실 나라고 정해진 것은 없습니다. 그래서 무아無我입니다. 나는 인연을 만나면 그에 따라 그 무엇이든 됩니다. 이것을 〈법성게法性偈〉에서는 '불수자성수연성不守自性隨緣成(본래 정해진 성품이 없어 인연에 따라 나툰다)'이라고

법륜 스님

합니다. 우리는 상황에 따라 인연에 따라 그 무엇이기도 하고 인연이 바뀌면 무엇도 아닐 수 있다는 뜻입니다.

남편이 나쁜 사람이라고 말하는 사람이 있습니다. 아이가 공부를 안 해서 못쓰겠다고 말하는 사람이 있습니다. 나쁜 남편이라는 사람이 있는 것이 아니라 나쁜 남편이라고 생각하는 내 생각이 있을 뿐입니다. 공부 안 하는 못된 아이가 있는 게 아니라 그렇다고 여기는 내 생각이 있을 뿐입니다. 그 생각 때문에 괴로운 겁니다.

남편은 나쁜 사람도 아니고 좋은 사람도 아닙니다. 공부 안 하는 아이가 나쁜 사람도 좋은 사람도 아닙니다. 이것을 일체법이 공空하다고 합니다. 이 일체법이 공한 도리를 알아버리면 괴로움이 즉시 사라집니다. 고상하게 말하면 '산은 산이요 물은 물이다'라는 겁니다.

일체 모든 것이 그저 그것일 뿐이다. 이 사실을 안다면 불행이 일어났을 때 그것이 누군가가 나쁜 짓을 해서 그렇다고 생각하지 않습니다. 만약 그런 생각이 든다면 불교 공부를 잘못한 것입니다. 미얀마에 태풍이 불어 많은 사람들이 죽었을 때 그것을 보고 일부 기독교인들은 '하느님을 안 믿어서 그렇다'고 했습니다. 그런 말은 증오입니다. 불법은 그런 것이 아닙니다. 남이 불행을 겪을 때, 내 나라, 내 형제가 아니더라도 그 불행을 극복하기 위해 함께 도와서 이겨내도록 하는 것이 부처님 가르침입니다.

일본에 지진이 나서 많은 사람이 죽었을 때, 우리나라 사람들이 해묵은 감정만 생각하면 '독도와 위안부 문제 때문에 벌 받았다'라고 말할 수 있습니다. 그러나 그렇게 말하는 것은 불법을 믿는 사람의 태도가 아닙니다. 그러한 불행을 극복할 수 있도록, 재난을 극복하도록 돕는 것이 불법입니다.

마찬가지로 북한에서 미사일을 쏜다, 핵실험을 한다고 해도 그 속에서 굶주리고 있는 사람을 도와야 합니다. "저 놈들이 못되게 구니까 굶어죽어도 싸다"라고 말들 하는데 그것은 불법이 아닙니다. 세상 사람들은 그렇게 말할 수도 있습니다. 감정에 치우치기 때문입니다. 그러나 불자라면 미사일을 쏘고, 핵실험을 하는 한쪽 면만 볼 것이 아니라 그 속에서 굶주리고 병들어 있는 어린이들을 볼 수 있어야

법륜 스님

합니다. 그게 부처님의 가르침입니다.

더구나 내가 낳은 자식이 장애가 있다고 해서 이게 무슨 나쁜 과보냐는 식으로 접근하는 것은 불법을 잘못 이해하는 것입니다. 오히려 몸이 아픈 아이가 내게 온 것을 고마워해야 합니다. 나는 불자이기 때문입니다. 만약 다른 사람에게 갔으면 방치될 수 있는 이 아이를 '부처님께서, 관세음보살님께서 나보고 돌보라고 여기에 보내셨구나' 하고 생각하면서 아이를 돌보다 보면 자신이 변하게 됩니다.

세상을 한번 보십시오. 요즘은 제 아이도 장애인이라고 버리는 시절입니다. 그런데 수녀님들은 그런 남의 아이를 하나도 아니고 여러 명씩 돌보고 있습니다. 하나님의 은총을 조건 없이 바란다면 나 또한 다른 사람에게 그러한 은혜를 조건 없이 베풀어야 비로소 구원받을 수 있다고 믿는 신앙을 기반으로 그렇게 하는 것입니다. 이 세상에서 받는 상은 작은 것이고, 저 하늘나라에서 받는 상이 큰 것이라 믿기 때문이지요.

부처님도 《금강경金剛經》에서 '아무런 조건 없이 베푸는 것은 한량없이 공덕이 크다'고 했습니다. 무주상보시無住相

布施입니다. 장애가 있는 아이도 다른 아이와 다름없이 그 수준에서 행복할 권리가 있는 것입니다. 엄마라면 아이가 커서 어떻게 될까 걱정하기보다는 아이가 그 조건에 맞게 행복할 권리가 있고, 나는 그것을 위해 조금 돕는다고 생각하십시오. 그리고 항상 감사기도를 하면서 기쁜 마음으로 돌봐야 합니다.

연세 드신 분들은 '자는 듯이 죽었으면 좋겠다' 하십니다. 그런데 이렇게 멀쩡히 지내다 갑자기 죽으면 남은 가족들이 너무나 아쉬워합니다. 곧 여든을 바라보시는 어느 보살님 한 분도 병원에서 3개월 만에 돌아가신 영감님이 너무 그립다는 것입니다. 그래서 자신이 죽으면 그토록 보고 싶어 하는 영감을 볼 수 있는 것인지 제게 물어보셨습니다. 이처럼 고생을 덜 하고 일찍 죽으면 산 사람들은 죽은 사람을 그리워하며 마음고생을 합니다. 그러니 혹 누가 갑자기 돌아가시는 것에 대해서 너무 슬퍼하지 마십시오. 고생하지 않고 돌아가셨으니 그건 죽은 사람을 위해서는 좋은 일이기 때문입니다.

법륜 스님

택시를 타면 승객이고, 가게에 가면 손님이고,
아들을 만나면 엄마고, 어머니 앞에서는 딸이고,
절에 오면 신도인 나는 도대체 누구인가요?
이중에 어느 것이 진짜 나입니까?

그 보살님은 돌아가신 영감님을 애타게 보고 싶다고 하셨지만, 만약에 남편이 윤회해서 다시 어린아이로 태어났다고 한다면 그 남편이 보고 싶어 다시 데려올려면, 그 아이가 죽어야 한다는 논리로 흘러갑니다. 그러니 노보살님의 생각은 자신의 입장만 생각한 것이지 상대에 대한 배려는 전혀 없는 것이지요. 이것은 집착입니다. 이것은 사랑이 아닙니다. 나는 남편을 위한다고 생각하지만 상대편에서 보면 남편은 나 때문에 고통을 겪을 수 있습니다. 그래서 서로를 속박하는 집착을 놓으라는 겁니다.

그러니 돌아가신 분에 대해서는 생각을 떠올리며 괴로워하지 마시고 '잘 가서 잘 살아라!' 이렇게 놓아주셔야 합니다. 내가 외롭다면 다른 분 만나서 즐겁게 살아도 좋은 것입니다. 함께 결혼해서 살 때는 정성을 기울여서 살되, 한 분이 돌아가시면 '안녕히 가십시오' 하고 정을 끊어야 합니다.

부처님 법을 받아들이면서 삶을 변화시키는 것, 우리는 그것을 업장소멸業障消滅이라고 합니다. 기도를 하는 것도 사물을 부정적으로 보는 습관을 긍정적으로 보는 습관으로 바꾸어 좀 더 행복하게 살기 위함입니다.

사람을 미워하다 보면 나중에는 별 일이 없어도 자동으로 미워집니다. 화도 그렇고 짜증도 그렇습니다. 나중에는 건드리기만 하면 짜증덩어리처럼 폭발합니다. 무의식의 세계에서 자동으로 일어나는 현상입니다. 이처럼 미움이나 화, 짜증내는 것도 습관이 되면 업業(karma)이라고 합니다.

습관이 되어 버리면 생각으로는 하지 말아야지 마음먹어도 조절이 잘 되지 않습니다. 그래서 무의식의 세계를 바꾸는 노력이 필요합니다. 자기 암시를 통해 무의식을 바꾸는 것, 그게 바로 기도입니다.

기도를 계속해도 마음속에는 미움, 화, 짜증의 감정들이 남아 있습니다. 그래서 조금만 자극을 받아도 화가 올라옵니다. 잠시 덮여 있을 뿐 없어진 것이 아니니까요. 이럴 때 참회기도를 통해 자기 내면에 있는 부정적 카르마를 소멸시켜야 합니다. 그것이 힐링, 즉 마음 치유입니다.

치유하고 나면 스스로 마음이 가볍고 행복해집니다.

무의식이 바뀌면 외부에서 화가 날만한 자극이 들어와

도 빙긋이 웃을 수 있게 됩니다. 그러나 사실 이렇게 되는 게 쉬운 일은 아닙니다. 법문을 듣고 이해는 되지만 자신의 성질이 바뀌는 것은 참 어려운 일이 아닐 수 없습니다. 그래서 꾸준히 해야 합니다.

방법은 두 가지입니다. 명상이나 수련을 통해 입원환자처럼 강하게 자극을 주는 방법이 있고, 다른 한 가지는 통원치료를 하는 것처럼 매일 정해진 시간에 지속적으로 하는 겁니다. 매일 아침 일어나서 꾸준히 참회기도를 100일 정도 하면 자기의 업식을 바로 알게 됩니다. 그렇다고 해도 바로 고쳐지는 것은 아닙니다. 자신의 변화를 보려면 최소한 1,000일 정도를 해야 합니다. 그렇게 3년 정도는 꾸준히 수행해야 업이 바뀝니다.

그런데 법문을 듣고 삶이 탁 바뀌는 사람이 있기도 합니다. 이런 사람을 성문승聲聞乘이라고 합니다. 그러나 대다수의 중생은 그렇게 듣기만 해서는 좀처럼 바뀌지 않습니다. 이해는 된다고 생각해도 행동이 잘 바뀌지 않습니다. 그래서 수행을 해서 법의 이치를 자기 것으로 해야 합니다. 이런 사람이 연각승緣覺乘입니다.

법륜 스님

그럼 보살승菩薩乘은 어떤 사람일까요. 알게 된 것을 바로 행하는 사람입니다. 실수해서 넘어지면 다시 일어나 연습하고, 넘어지면 다시 또 일어나는 시행착오를 거듭하면서 꾸준히 수행하는 사람입니다. 이렇게 하다 보면 어느 순간 변합니다. 쉽지는 않지만 최소 3년 정도 기도를 하면 변화를 체감할 수 있습니다.

기도에 좋은 것은 절입니다. 절을 하게 되면 정신적으로는 물론이고 육체 건강에도 좋습니다. 여러분들이 누군가와 누워서 대화를 한다고 합시다. 그러다 말다툼이 일어나면 저절로 벌떡 일어나 앉게 됩니다. 계속 언쟁을 하게 되면 일어서겠지요. 언성이 높아지면 고개를 치켜듭니다. 눈을 부릅뜹니다. 내가 옳다는 아상이 가장 강할 때입니다.

내가 잘못했다는 생각이 들면, 치켜떴던 눈을 내립니다. 잘못했다고 생각하면 고개가 숙여지고, 더 잘못했다 싶으면 허리를 굽히게 됩니다. 더 잘못했다 싶으면 무릎을 꿇게 되고, 죽을죄를 지었다 생각하면 이마가 땅에 닿게 됩니다. 그러니까 오체투지는 내가 옳다는 생각이 완전히 사라졌다는 경지인 것입니다.

절은 '내가 옳다'는 것을 내려놓는 수행입니다. 절을 하되 횟수가 중요한 것은 아닙니다. 몇 배를 했느냐에 집착하기 시작하면 극기 훈련은 되겠지만, 정신적으로 뉘우치는 것이 아니라 도리어 자기를 움켜쥐는 것이기 때문에 참회 효과는 적습니다. 그래서 절을 제대로 하라는 것입니다.

마음을 숙이는 것이 중요합니다. 절을 많이 하면 그만큼 마음을 숙이는 것이기 때문에 좋습니다. 마음이 숙여지지 않는다면 억지로라도 몸을 숙여보십시오. 그러면 마음도 따라 숙여집니다. 그러다 어느 순간부터는 부정적인 생각이 긍정적인 생각으로 바뀌게 될 것입니다.

항상 자기 수행뿐 아니라 어려운 이웃에게 보시하고, 봉사하는 생활을 해야 합니다. 보시와 봉사를 늘 실천하는 것이 본래 불교입니다. 여러분들은 이제 가능하면 한 주에 한 번이라도 절에 가서 법문을 듣고, 또 법문을 듣지 못하는 형편이 되면 경전을 읽으십시오. 그래서 부처님 법을 늘 접해야 합니다.

법륜 스님

그러나 부처님 법을 받아들였다 해도 몸과 마음에 오래 전부터 배어있는 습관이 하루 아침에 바뀌지 않기 때문에 꾸준히 수행을 해야 합니다. 목표를 정해놓고 꾸준히 해 보십시오. 그렇게 자신을 바꾸어 나가고, 그 기쁨을 이웃에도 전하며 살면, 불법이 이 세상을 구하는 좋은 양약이 될 것입니다.

사랑이라는

여행

서광 스님

대학과 대학원에서 심리학을 공부하고, 이후 미국에서 종교심리학 석사와 자아 초월 심리학 박사학위를 취득했다. 현재 동국대학교 교수로 재직중이며, (사)한국명상심리상담연구원 원장으로 불교심리학과 불교상담, 자아초월 심리치료 관련 강의와 워크숍 및 집단프로그램 등을 실시하고 있다.

지은 책으로 《현대심리학으로 풀어본 대승기신론》, 《치유하는 유식 읽기》, 《치유하는 불교 읽기》, 《나를 치유하는 마음 여행》, 《후박꽃 향기》, 《알몸이 부처되다》, 《현대심리학으로 풀어본 유식 30송》, 《마음의 치료》, 《돌이키는 힘-치유하는 금강경 읽기》 등 다수와 《한영불교사전》, 《불교상담심리학 입문》 등 다수의 편역서가 있으며, 〈Exploring the Spiritual Development Model of Mahayana Seon Practice from the Perspective of Transpersonal Development and Healing〉, 〈자아초월심리학적 관점에서 본 유식 5위〉, 〈불교 현대화를 위한 심리적 문화적 접근〉 등의 논문을 썼다.

한국명상심리상담연구원 http://ikmp.org
한국명상심리상담연구원 카페 https://cafe.daum.net/IKBP

어떻게 하면 우리가 좀 더 편안하고 행복하게 살까. 아마 이것이 우리들이 가지는 공통된 생각일 것입니다. 가장 행복한 인생, 가장 행복한 삶을 살려면 지혜롭고 자비로운 사람이 되면 가능하다고 대승불교에서는 가르칩니다. 그런데 지혜롭고 자비로운 사람이 되는 게 그리 쉬운 일이 아닙니다. 그렇다면 우리가 일상생활 속에서 어떻게 하면 그런 지혜와 자비의 능력을 키울 수 있는지 함께 나누고자 합니다. 여러분은 살면서 어떤 때 행복한가요? 행복해지는 가장 쉬운 방법은 사랑하면 됩니다. 사랑하면 가장 행복한데, 말처럼 간단하지 않습니다. 사랑하는 게 그렇게 쉽던가요? 동서고금을 막론하고 누구나 사랑하고 싶고, 사랑받고 싶어합니다.

미국에 굉장히 유명한 심리치료사가 있었습니다. 그에게 상담하러 찾아오는 사람은 굉장히 다양합니다. 민족도 다르고, 인종도 다른 많은 사람들이 문화와 언어를 떠나서 공통된 특징을 갖고 있습니다. '사랑받고, 사랑하는 것'입니다. 단순하지만 쉬운 일이 아닙니다. 물론 짧은 시간동안 사랑할 수 있습니다. 사랑하는 사람이 일찍 죽어버리면 그게 고귀한 사랑으로 남는데, 긴 세월 동안 인생을 함께 산다면 변질됩니다. 사랑은 식고 변하고 결국 사랑했던 마음은 미움으로 돌아서게 됩니다.

누구나 사랑받고 사랑하고 싶지만 왜 쉽지 않을까요? 사랑은 혼자 하는 게 아니기 때문입니다. 우리는 인생에서 진정으로 사랑하는 법을 배우는 것이 아니라 생존경쟁에서 끊임없이 살아남는 법을 배웠습니다. 이러한 습관 때문에 진정한 행복을 위해서 사랑하는 법을 쉽게 배우지 못합니다. 또 우리의 사랑하는 모습은 어떠합니까? 우리는 자신의 에고ego가 만든 세상을 살고 있기 때문에 내 방식대로 이해하고 내 방식대로 사랑합니다. 상대방을 이해하지 못합니다. 그래서 오랫동안 지내다보면 '저 인간 그럴 줄 몰랐다' 합니다. 내가 기대하거나 예상했던 인간이 아니라는 겁니다. 여기에는 두 가지가 있습니다. 상대방이 정말로 변했거나, 아니면 내 방식대로 상대방을 이해하고 해석한 겁니다. 아마도 후자인 경우가 많습니다. 또 우리의 사랑이 주변의 조건이나 환경에 영향을 받습니다. 사랑을 하면 인생이 행복하고 세상이 아름답게 보이는데, 주위 조건이나

서광 스님

환경 때문에 지속적인 사랑이 어렵습니다. 우리가 태어나면서부터 배운 사랑은 요구적 사랑이지 진실된 사랑이 아니기 때문입니다.

우리는 제대로 사랑하는 법을 배우지도 못했고, 사랑은 혼자 하는 게 아니라 둘이 하는 것이고, 게다가 주변 환경에 따라 영향을 받을 수 있다는 말입니다. 이것이 진정한 사랑, 지속적인 사랑을 할 수 없는 이유들입니다.

지혜와 자비 수행을 훈련하는데 있어서 자비慈悲의 자慈는 영어로 'loving kindness'입니다. 즉, 사랑하고 친절함입니다. 부처님 법을 통해 이 자비심을 계속해서 성장시키지 않은 한 우리가 원하는 진정한 사랑을 하기 어렵습니다. 사랑하는 나를 알아야 하고 사랑하는 대상에 대해 제대로 알아야 합니다. 그리고 사랑하는 나와 사랑하는 대상이 살고 있는 세상을 제대로 이해하지 않는다면 일시적 사랑은 가능하지만, 지속적으로 사랑하긴 어렵다는 의미입니다. 그래서 결국 우리는 공부해야 합니다.

우리가 사랑하게 되면 세상을 다 얻은 것 같고 인생이

다르게 보이지만 잠깐입니다. 내가 예상치 못했던 고통이 뒤이어 찾아옵니다. 이러한 고통이 찾아왔을 때 어떻게 이해하고 받아들여야 하는지가 중요합니다.

첫째, 내가 잘못 이해하고 착각해서 고통이 왔구나 하는 것을 알아야 합니다. 부처님 법에는 나를 이해하고, 상대와 세상을 이해하는 법에 대해 끊임없이 말씀하고 있습니다. 이 세 가지를 잘못 이해하고 착각하면 자기중심적으로 생각하게 됩니다. 그래서 내 뜻대로 되면 기쁘고 행복하지만 내 뜻대로 되지 않으면 불행하고 고통이 오는 겁니다.

둘째, 행복과 불행의 선택은 내가 하는 것이라는 것을 알아야 합니다. 《대승기신론大乘起信論》에 이런 내용이 나옵니다. 고통스러운 순간에 항상 행복과 불행의 두 가지 문이 열린다고 합니다. 내가 성장하고 행복의 길로 가느냐 아니면 파괴되고 불행한 길로 가느냐 하는 두 가지 문입니다.

고통 자체에 문제가 있는 것이 아니라 내가 어떤 문을 선택하느냐 하는 것이 중요한 겁니다. 고통스럽고 괴로운 순간이 우리 삶의 기회입니다. 그렇다면 이 두 개의 문 가운데 우리는 분명 행복의 문을 선택할 것입니다. 하지만 부처님 공부가 충분히 내재되지 않으면 선택이 쉽지 않습니다. 왜냐하면 내가 원하는 것이 성취되는 순간 아만심과 교만심이 일어나기 때문입니다. 이 아만심과 교만심으로 잘못된 선택을 하거나, 선택을 잘 하더라도 그 다음에 또 다른 고통이 준비되어 있는 겁니다.

만족하고 감사할 줄 알면 행복의 순간에도 겸손하고 감사할 줄 알고 또 그러면 성장할 수 있습니다. 고통의 순간에도 괴롭기만 한 것이 아니라 거기서 나의 아집과 교만을 바로 볼 수 있어야 하고 이 고통으로부터 무엇을 배울 것인가 하는 자세를 취한다면 고통의 순간이 불행으로 이어지지는 않을 겁니다. 그러니 괴로울 때 '부처님 도와주세요' 하는 것이 아니라 '도대체 무엇 때문에 괴로운가' 또 '무엇을 내려놓아야 하는가' 하고 자신의 내면을 살피며 끊임없이 부처님께 질문한다면 그 고통이 전화위복이 될 수 있습니다. 이 말은 우리가 어떠한 상황에 놓여도 디딤돌을 걸림돌로 만들 수도 있고, 걸림돌을 디딤돌로 바꿀 수 있다는 의미입니다.

다시 사랑 이야기로 돌아가겠습니다. 우리들이 사랑에 대해서 착각하는게 한 가지 있습니다. 사랑은 주는 것이 아니라 받는 것이라고 생각합니다. 이렇게 생각하면 결국 그 사람은 망가진 인생을 살게 됩니다. 사랑은 기본적으로 봉사하는 겁니다. 공감이 되나요?

왜 우리는 '사랑은 받는 것'이라고 생각하며 무의식적으로 요구적인 사랑을 하느냐 하면, 태어나면서부터 그렇게 살아왔기 때문입니다. 말이나 소, 고양이나 개는 태어나면 새끼가 며칠 안에 일어나 걷습니다. 타인의 도움이 많이 필요하지 않습니다. 지구상의 생물 가운데 우리 인간이 가장 긴 세월 동안 타자와 주변의 도움이 필요합니다. 건강하게 살기 위해서 선택이 아니라 필수적인 생존 방법입니다. 사람은 다른 사람의 도움 없이는 살 수 없기 때문에 사회적 동물이라고 합니다. 가깝게는 나를 낳아준 부모나 나를 돌봐준 사람으로부터 도움을 받으면서 내 마음 깊은 곳에서 존재의 간절함을 느끼는겁니다. 본능적으로도 살아남기 위해서 사랑이 굉장히 필요했습니다. 그런데 그 사랑을 충분하게 받았다고 생각하는 사람은 거의 없습니다. 항상 우

서광 스님

리는 받아도 받아도 끝이 없이 더 많이 받고 싶었던거죠. 그러다보니 성인이 돼서 사랑을 줘야 할 나이인데도 끊임없이 사랑을 요구할 수 밖에 없었습니다. 이게 인간의 특성입니다. 그런데 옆의 사람을 보면 어떻습니까? 나도 충분히 사랑을 못받았는데 친구나 남편이 사랑받으려고 요구적 사랑을 하게되면 어떻습니까? 밥맛입니다. 왜냐하면 내 무의식에는 나도 사랑이 부족하고, 그래서 사랑받고 싶으니까 그렇습니다. 그런데 사랑이 부족하다고 해서 성인이 돼서도 끊임없이 다른 사람에게 사랑을 갈구하거나 요구해서는 내 안의 외로움과 사랑은 절대로 충족되지 않습니다. 반대로 어려서부터 사랑을 충분히 받은 사람은 굉장히 너그럽습니다.

아귀餓鬼는 아무리 많이 줘도 채워지지 않습니다. 계속해서 끊임없이 갈망합니다. 우리의 '사랑의 욕구'는 이 아귀와 같습니다. 그런데 이것을 어떻게 해결하느냐. 성인이 됐으니까 봉사를 통해서 사랑하면서 나의 건강과 결핍된 욕구를 충족시킬 수 있습니다. 내가 사랑을 요구하거나 갈망해서는 그 사랑을 결코 얻을 수 없습니다. 설사 사랑을 얻었다고 하더라도 잠깐입니다. 잠깐 동안 기쁘고 오래가지 않습니다. 거기에 만족하지 않고 또 다른 사랑을 갈망하기 때문입니다. 어려서부터 만들어진 업이라는 겁니다. 계속 사랑을 갈망하는 것으로 긴 세월을 살아 온 것입니다. 아귀처럼 끊임없이 요구하는 그 업을 언제 끊을 수 있느냐, 사랑을 갈구하는 것이 언제 해소되느냐, 그 유일한 길은 내가 사랑하는 겁니다. 사랑받기를 원하는 것이 아니라 내가 사랑을 주는 것입니다.

어릴 때부터 사랑받기를 갈망하면서 형성된 이 업을 보면 성인이 돼서 사랑을 갈망하지만, 갈망할 뿐 사랑을 받을 줄 모릅니다. 우리 주위에 소위 '바람둥이'가 있습니다. 그 사람은 '내가 바람 피워야지' 하고 그러는 것이 아니라 끊임없이 사랑을 갈망하지만 막상 사랑이 왔을 때 그 사랑을 어떻게 받아야 할지 모릅니다.

우리가 꽃을 보고 예뻐하고 좋아하는 것은 그 꽃이 나를 사랑해주거나, 그 꽃에게 사랑을 요구하기 위해서가 아닙니다. 또 반려견을 키우면서 반려견에게 나를 사랑해 달

서광 스님

우리가 꽃을 보고 예뻐하고 좋아하는 것은

그 꽃이 나를 사랑해주거나,

그 꽃에게 사랑을 요구하기 위해서가 아닙니다.

또 반려견을 키우면서 반려견에게

나를 사랑해 달라고 요구하지는 않습니다.

다만 내가 사랑할 뿐입니다.

라고 요구하지는 않습니다. 다만 내가 사랑할 뿐입니다.

우리는 어려서부터 인정받고 사랑받고 싶었기 때문에 꽃과 반려견과는 달리 사람에게는 무의식적으로 사랑을 요구합니다. 긴 세월동안 무의식에 자리잡고 있는 업을 끊어야 합니다. 그것은 꽃을 좋아하고, 반려견을 좋아하는 것처럼 내가 사랑하는 것이 근본 해결책입니다.

예전에 부모들을 위한 교육을 할 때 자신이 사랑이 왔을 때 잘 받을 수 있는 사람인지 알 수 있는 방법으로 자식을 키우기 전에 반려견을 키워보라고 한 적이 있습니다. 사랑은 봉사입니다. 봉사를 통해서만 자신의 업을 극복할 수 있습니다.

이렇게 말하면 어떤 사람은 "봉사를 하고도 내가 괴로우면 어쩌냐?" 하고 묻습니다. 주는 만큼 얻으려는 생각 때문에 그렇습니다. 다른 사람에게 봉사할 수도 있고, 자기 자신에게 봉사할 수도 있습니다. 자기 자신에게 봉사하는 것은 내가 사랑이 필요할 때 나 자신에게 친절하고 사랑을 주면 됩니다. 다른 사람들도 대부분 자기 감당이 안되고 사랑을 갈구하고 있기 때문에 상대를 보고 자신을 알 수

서광 스님

있습니다. 나도 사랑을 갈망하고 있고 상대방도 사랑을 갈망하는데 무엇을 원하는지 알 수 있는 겁니다. 또, 사랑을 갈구하고 있는 상대방이 내게 사랑을 충분히 채워줄 수 있을 만큼 여유로운지 충분히 사랑을 받았는지 돌아볼 수 있습니다.

우리는 모두 기본적으로 결핍되어 있습니다. 그러니까 내가 필요하면 내가 나를 채워주고 내가 나에게 친절하고 내가 나에게 필요한 사랑을 주면 됩니다. 그리고 이것을 모르는 상대방을 위해 봉사함으로써 해소가 됩니다. 남을 위한 봉사는 궁극적으로 자신을 위한 것입니다. 부처님 말씀을 통해 이러한 마음을 계속 학습하고 훈련하면 삶에 대한 갈증에서 벗어날 수 있습니다.

자애慈愛를 닦는 방법보다 더 쉬운 방법이 있습니다. 제가 갈수록 더 쉬운 방법을 가르쳐드리겠습니다. 그것은 비심悲心을 닦는 겁니다. 사랑을 갈구하는 사람치고 자기 비난 안하는 사람이 없습니다. 무의식에 타인에게서 인정을 갈망하고 사랑을 갈망하는 나를 자세히 들여다보면 자신을 비난하고 있습니다. 인정받기를 바라고, 사랑을 갈구하는 것 자체가 인정받지 못하고 사랑받지 못하고 있다는 뜻이고, 그런 자기를 비난하는 겁니다.

다시 말해, 사랑을 갈구하는 사람은 자기 비난이 심하고 자기 고립이 심한 사람입니다. 그런데 이러한 사실을 잘 모릅니다. 예를 들어 자식이나 손자가 대학 입학 시험을 앞두고 어머니나 할머니는 절에 가서 밤새 절하며 기도했는데 원하는 학교에 못갔다고 칩시다. 이때 친구나 누구에게 전화가 오면 반갑게 인사를 하느냐, 아닙니다. 아예 전화기를 꺼 놓습니다. 전화 받기 싫은 겁니다. 남 얘기도 듣기 싫고, 모든 게 귀찮아집니다. '왜 나에게 이런 불행이 왔을까? 부처님께 기도했는데 영험도 없더라' 라고 생각합니다.

자기를 이중삼중으로 고통을 쌓아 괴롭힙니다. 이것이 자기 비난이고 자기 고립입니다. 그런데 고통 받는 나를 계속 혐오하거나 싫어하지 않고 자기를 감싸줄 수 있다면 그것이 연민심이고 비심입니다.

연민심을 어떻게 훈련하느냐 하면 자기를 위로하는 겁니다. 자신의 이름을 마음속으로 부르면서 '지금 많이 괴롭지?', '열심히 기도하고 최선을 다했지만 지금 이렇게 괴

서광 스님

롭구나' 하면서 하다못해 샤워를 한다든지, 그동안 생각만
하고 못 먹어본 음식을 자신에게 대접한다든지, 영화를 본
다든지, 커피나 차 한 잔 마시거나, 듣고 싶은 음악을 듣거
나 하면서 자신에게 친절해야 합니다. 자기를 달달 볶는 대
신 말입니다.

자애심과 연민심을 공부했는데, 자비심을 훈련하는 게
그렇게 어려운 건 아니죠? 그런데 이것보다 더 쉬운 방법이
있습니다. 제가 미국에서 10여 년 살았는데 보스톤 시내
에 유명한 묘지가 있습니다. 그 묘지 입구에 '오늘은 나, 내
일은 당신'이라는 비명이 서 있습니다. 이것을 보는 순간 깊
은 충격과 감명을 받았습니다.

이 말은 지혜와 자비를 한꺼번에 얻을 수 있는 말입니
다. 즉, 우리의 삶 자체가 여행이고, 나그네 길이라는 것을
깊이 인식하고 깨닫는다면 특별히 따로 훈련하지 않아도
순식간에 지혜와 자비가 샘솟을 겁니다. 우리는 우리의 여
행길에서 언젠가는 때가 되면 처음 온 곳으로 다시 돌아가
게 됩니다. 우리가 원하든 원하지 않든, 알든 모르든 다시

돌아가게 됩니다. 이 사실을 우리 자신에게 끊임없이 상기시킨다면 지혜가 절로 일어날 것입니다.

세상에 태어나서 누구나 죽습니다. 이러한 사실을 모르는 사람이 어디 있겠습니까. 누구나 태어나서 죽는다는 사실을 어느 수준으로 이해하느냐에 따라 달라집니다. 50년, 100년 지나면 이 자리에 계신 분들은 모두 없을 것입니다. 이것은 결코 두려운 사실이 아닙니다. 우리 조상들은 지혜로웠습니다. 멀리 볼 것이 아니라 가까이 우리 할머니, 할아버지를 봐도 특별히 배운 것이 많이 있는 것도 아니고, 재산이 많은 것도 아닌데 이 사실에 대해서 지혜롭게 대처합니다.

백중 때 제사를 지내다 '아, 언젠가는 내가 저 자리에 앉아 있겠지' 하는 생각을 해봅니다. 이런 생각이 허무하거나 나약하게 하는 게 아니라 오히려 나를 강하게 만들어주고 내 안에 지혜를 샘솟게 해줍니다. 우리가 허무하다고 느끼는 것은 이러한 무상無常에 대해 참으로 모르기 때문입니다. 모든 것은 변한다고 하지만, 누구나 태어나서 죽는다고 하지만, 변하지 않을 것이라 생각하고 죽지 않을 것이라

여기기 때문입니다. 하지만 무상을 안다는 것은 우리 삶이 나그네길이라는 것을 아는 것입니다. 나그네길, 여행이라는 것은 경험하는 것입니다. 이 삶에서 내가 무엇을 경험하느냐 하는 겁니다.

우리 삶을 여행이라고 생각할 수 있다면 때가 되면 우리가 왔던 고향으로 되돌아 간다는 사실을 어느 수준으로 이해하느냐에 따라 다릅니다. 우리가 여행을 마치고 다 벗고 떠나갈 때 우리에게 남은 것은 뭘 느끼고 뭘 경험했냐는 것인데 갈 때에는 육신이 아니라 오로지 영혼이 가는 겁니다. 영혼이라고 하는 이 마음 작용이 전부입니다.

우리가 인식하는 이 마음 작용은 보고 듣고 냄새맡고 맛보고 느끼고 생각하는 육식六識의 수준으로 이해하게 되면 허무와 고통이 따르는 겁니다. 업식으로 인한 과보를 받기 때문입니다. 육식에서 우리의 의식은 감정적이고 정서적인 수준으로 "그냥 죽지 뭐, 에이 죽으면 다 끝인데 뭘" 하는 겁니다. 이것은 괴로울 때 잠깐 일시적으로 고통이 멈추는 진통제 복용하는 것과 같습니다. 유식唯識 심리학에서 말하기를 육식 외에 제7식 말라식未那識과 제8식 아뢰야식阿賴耶識이 있다고 합니다. 나는 제7식을 자아의식自我意識이라고 하는데 에고가 자리한 곳이라 부릅니다. 육식에서 우리의 의식은 감정, 정서의 수준이라면 말라식의 자아의식 수준에서 아만심의 번뇌가 있습니다. 그래서 죽는다는 사실에 대해 거부하고 저항하는 겁니다. 그러나 죽는다는 사실을 깊이 인식한다면 거의 완벽한 무아 수준입니다. 내가 만든 자아의식이 아만이 만든 세상을 벗어나서 타인이나 나 자신에게 연민심을 낼 수 있습니다.

우리는 여행길에서 만난 사람들에게 눈인사를 하고 덕담을 나누지 평생 함께 살 것처럼 치고받고 싸우지 않습니다. 여행길이라는 사실을 모르기 때문에 싸우며 힘들어하는 겁니다. 아뢰야식은 겉으로 드러나지 않는 잠재의식, 무의식이라 할 수 있습니다. 아뢰야식 수준에서는 '내가 때가 되면 온 곳으로 결국 돌아간다'는 것을 아는 겁니다. 내가 어떤 집안에서 태어났든 무슨 경험을 했든, 저 사람이 어디에서 와서 어떤 경험을 했든 모든 것으로부터 자유로울 수 있습니다.

서광 스님

여행길이 겨울 햇살처럼 짧기도 하고 어떻게 보면 여름 햇살처럼 길기도 합니다. 인생을 살아갈 때 어려움이나 갈등이 누구에게나 있습니다. 이러한 불편함이 있을 때 나는 이렇게 합니다. 손을 들고 '아, 살아온 세월이 몇 년, 내게 남은 세월이 몇 년' 하면서 계산하면 순식간에 마음이 가라앉습니다.

모든 게 다 감사하고, 아침에 눈 뜨면 새로운 하루가 허락됐구나, 새로운 인연이 오겠구나, 저 햇살도 고맙고, 미운 옆 사람도 고맙고 감사합니다. 그 사람이 좋든 싫든 나와의 인연에 감사하고 내 옆에 있어줘서 고맙습니다. '내려놓아라' 하면 어떻게 내려놓느냐고 하거나 힘들다고 합니다. 나에게 남은 세월을 계산해본다면 순식간입니다.

나는 나의 인연대로 그것이 무엇이든 간에 편안해야 합니다. 무리하게 애쓰면 이중삼중으로 손해입니다. 내가 어떠한 상황에 놓여 있어도 그것은 나의 여행길 위에 있는 겁니다. 심하게 끄달릴 필요가 없습니다. 애써 태연한 척하는 것도 어색합니다. 이때 자기를 돌아보아야 합니다. 우리는 중생이고 중생심을 가졌으니 '이러 이러한 기분이 살짝 일어났네' 하는 정도입니다. 좋다 싫다 하는 어떤 분별하는 마음을 일으키지 말라는 것이 아니라 그런 기분이 일어났다는 것을 다만 알아차릴 뿐입니다. 그렇게 자기를 돌아보고 알아차리기만 하면 그 반응은 일어났다 사라집니다. 마치 파도가 제 아무리 높이 쳐도 결국은 떨어집니다.

그런데 우리들은 떨어지는 동안 못 기다리고 행동을 합니다. 거기에 끄달려서 말하고 행동하면서 이중삼중의 고통을 얻습니다. 부처님은 '첫 번째 화살을 맞을지언정 두 번째 화살을 맞지 말라'고 했는데 두 번째 세 번째 화살을 계속 맞는 겁니다. 그러니까 우리 인생에서 정말로 고통이라거나 사건 자체가 힘겨운 게 아니라 그 사건을 어떤 태도로 받아들이느냐 하는 것이 문제입니다.

우리가 불행하다고 느끼는 가장 큰 이유는 남과 비교하기 때문입니다. 내 마음이 불편할 때 거기에는 아만심이 있습니다. 비교하는 마음속에 자기가 잘났다는 생각입니다. 비교해서 우월감을 느끼거나 열등감을 느끼는 것은 순식간입니다. 불교에서 마음수행할 때 명상과 힐링의 핵심은

서광 스님

그냥 자각하는 겁니다. 어떠한 마음이 일어나더라도 따라가거나 못 일어나게 없애는 것이 아닙니다. 일어나면 일어나는 대로 알아차리는 겁니다. 우리가 일으키는 질투심이나 우울감, 화 같은 것은 파도와 같습니다. 파도가 아무리 높게 치든 낮게 치든 사라집니다. 조금 높게 치면 조금 오래 기다리면 됩니다. 그냥 숨을 쉬면서 기다리는 겁니다.

나의 귀의처가 몸입니다. 부처님이 떠날 때 아난존자가 '부처님이 가신 뒤에 어디에 의지하느냐' 하고 묻자 부처님은 '사념처四念處'라고 했습니다. 사념처는 신수심법身受心法입니다. 즉, 몸과 느낌과 마음과 법, 이 네 가지에 의지하라는 겁니다.

네 가지 가운데 몸을 잘 관찰하는 겁니다. 괴롭거나 불편하면 제일 먼저 내 몸으로 옵니다. 내 몸으로 와서 지금 불안하고 불편할 때 '불안하고 불편하구나' 하고 관찰하면 금방 편안해집니다. 일상생활 속에서 생멸을 볼 수 있으면 편안해집니다. 이것이 명상입니다. 한 마음 일어났을 때 숨을 쉬면서 기다리면 됩니다. 숨을 쉬면서 감각을 코끝에서 아랫배로 가보세요. 들이쉴 때 코끝에 집중하고, 내쉴 때

우리가 불행하다고 느끼는 가장 큰 이유는
남과 비교하기 때문입니다.
내 마음이 불편할 때 거기에는 아만심이 있습니다.
비교하는 마음속에 자기가 잘났다는 생각입니다.
비교해서 우월감을 느끼거나
우울감을 느끼는 것은 순식간입니다.

아랫배에 집중하는 겁니다.

그 다음에는 내 몸 어디에서 가장 심하게 느껴지는지 알아차립니다. 논리적으로 따지려고 하면 번뇌망상으로 흘러가기 때문에 따지면 안됩니다. 그냥 지켜보는 겁니다. 심장이 쿵쿵거리며 뛰는지, 어디가 따끔거리는지, 배가 살짝 아픈지 살핍니다. 내 몸에서 반응하는 그 곳을 가만히 지켜보세요. 이것이 알아차림(mindfulness) 명상이라고 합니다.

그 다음에는 자비를 보내야 합니다. 내 몸 가운데 배가 반응하며 아프다면 배를 만지면서 '편안해지거라. 그래야 네가 사는 거야. 누구나 그럴 수 있어. 그렇지만 그것도 잠깐이고 지나가는 거야' 하고 자기에게 친절하게 말해줍니다.

그런데 우리들은 부정하려고 합니다. "질투하는구나?" 하면 "내가 언제?" 하고, "화났어?" 하면 "내가 언제?" 하면서 소리 지릅니다. 내가 믿는 사람이 배신하고 떠났을 때, 심장이 쿵쾅거릴 때, 가슴이 조이고 스트레스 받을 때 전화기를 꺼놓고 내 몸의 아픈 부분을 쓰다듬고 위로하세요.

그래도 안 되면 저 같은 사람을 찾아와 상담을 받습니다. 도움이 필요할 때 전문가에게 약간의 위로와 도움을 받으세요. 가장 쉬운 길은 여행길임을 알고 고통이든 즐거움이든 내가 살아있기에 경험한다고 생각하면 우리의 태도가 많이 바뀔 겁니다.

지금까지 행복해지는 방법 네 가지를 말씀드렸습니다. 첫 번째는 사랑을 하려거든 그냥 하지 말고 유식하게 해라. 그 유식은 그냥 유식이 아니고 《유식30송》에 나오는 겁니다. 두 번째는 고통을 만났을 때 전화위복의 디딤돌로 만들라는 겁니다. 세 번째는 요구적 사랑을 내려놓고 타인에게 봉사하는 사랑을 하는 겁니다. 네 번째는 우리 인생이 나그네길인 줄 알면 지혜와 자비를 순식간에 성취할 수 있다고 했습니다.

진정한 행복은 우리의 본성을 실현할 때입니다. 이 말은 경전에서 부처님은 물론이고, 유명한 심리학자들도 하는 말입니다. 우리는 이 땅에 왜 왔는가? 경험하러 왔습니다. 그런데 우리가 오면서 한 가지 운명처럼 가져온 게 있습니다. 식물이 씨앗을 심으면 반드시 위로 향하여 싹을 틔웁니다. 우리가 태어난 이상 뭔가를 추구하는 게 있는데 우

서광 스님

리의 본성을 이 땅에 실현하는 겁니다.

불성을 실현하는 겁니다. 우리는 불성을 실현할 때까지 궁극적인 행복, 영원한 행복을 얻을 수 없습니다. 그 불성을 실현하는 방법이 무엇일까요? 《금강경》에서 수보리가 부처님처럼 최상의 깨달음, 아뇩다라삼먁삼보리를 성취하려면 어떻게 그 마음을 닦고 수행해야 하느냐고 묻습니다. 부처님이 제일 먼저 가르침을 준 것이 "모든 중생을 내가 다 제도하겠다는 마음을 내라"는 겁니다. 그런데 우리는 겨우 내 자신을 사랑하거나 한 사람에게 집착해서 사랑을 합니다. 그렇기 때문에 힘든 겁니다. 어떤 보살님이 하소연하기를 남편이 수박을 잘라놓으면 꼭 네모 모양의 중간 것만 먹는다고 합니다. 이 모습을 보면 너무 얄밉다는 겁니다. 자식이 그러면 괜찮은데 남편이 그렇게 하면 밉다는 겁니다. 이렇게 해서 모든 중생을 제도할 수 있겠습니까.

지금 우리 사회는 심각한 양극화 사회입니다. 자본이 중심이 되어 돈이 전부인 세상을 살고 있습니다. 그래서 알게 모르게 우리 문화 속에서 열등감이나 뭔가 부족함을 항상 느끼게 됩니다. 그런데 우리가 이 땅에 불성을 실현하기 위해서 왔을 때 왕이나 부자여야 합니까? 인생을 한 편의 연극이나 드라마로 비유를 많이 하는데 그 주인공이 왕이나 부자여야 매력적인가요? 왕이나 부자가 드라마에서 성공적으로 보이던가요?

우리는 각자 다른 개성을 갖고 왔습니다. 그런데 와보니 이 세상이 내 가치와는 달랐습니다. 처음 올 때 가지고 온 원력과 다른데도 불구하고 '부자가 되어야지' 하는 식으로 원래 가진 원력과 상관없는 일을 하려고 애쓰는 사람이 많습니다.

미국이 부자 나라라고 해서 '죽으면 다음 생에 미국에 태어날 거야'라고 생각하는 사람이 있습니다. 100년 뒤에도 미국이 부자 나라라는 보장이 있습니까? 옛날에는 의사가 되면 돈을 많이 번다고 해서 누구나 의사되기를 바라고, 판검사가 되어 명예와 권력을 가질 수 있다고 해서 누구나 판검사가 되기를 바랐습니다. 그렇지만 지금은 선호도가 많이 바뀌었습니다. 하물며 전생에서 이생으로 올 때 세운 원력이 맞을 리 있겠습니까. 그러니까 자기가 가져온

서광 스님

진짜 내면의 잠재력은 상실하고 남이 인정하는 것을 하려고 애쓰고 있는 겁니다. 지금도 늦지 않았습니다. 다시 생각하십시오. 정말 내가 가장 편안하고 즐거우며 합당하다고 생각하는 것을 통해서 자신의 불성을 실현하세요.

집에서 하루에 한 번씩 스스로에게 질문해보세요. 우리가 보통 화두를 들 때 '이뭣고' 합니다. 이건 정해진 화두인데 내가 'Who am I?(나는 누구입니까?)'로 바꿨습니다. '이뭣고'가 본질적인 질문이라면 나는 누구이고, 어떤 사람이 되어가는가 하는 것은 현실적인 질문입니다. Who am I becoming? 내가 지금 어떤 사람이 되어가는가?

내 눈에 보이는 것은 위대한 사람이든 예쁜 사람이든 모두 내 안에 있습니다. 내가 혐오하는 사람이 있다면 과거, 현재, 미래의 내 모습입니다. 그렇다면 지금 현재 나는 그 다양한 내 모습 가운데 어떤 것을 드러내고 있는지 한 번만 질문해보세요.

시간적으로 지금, 공간적으로 여기에서 나는 무슨 경험을 하고 있는가? Here and Now. 이 여행길의 지금 이 순간에 난 무엇을 체험하고 배우고 있는가? 나, 너, 세상에 대한 호기심을 우리의 본질, 우리의 삶 속으로 가져오십시오. 제가 진행하는 프로그램에서 가급적 옛날에 뭐 했다는 이야기는 삼갑니다. 지금 여기서 무엇을 느끼고 경험하고 이 순간에 뭘 배우고 있느냐가 매우 중요하기 때문입니다.

나에게 처한 어떠한 상황도 내가 살아있어서 경험하는 것입니다. 그 다음에 뭘 배울 수 있을지, 나의 불성을 실현하는데 어떻게 쓰일지 고민하십시오. 그리고 그 경험을 통해 어떻게 반응하는지 살펴보세요. 습관적 패턴으로 반응한다면 업이 계속 쌓이는 겁니다. 그렇게 반응하지 않고 가만히 지켜보십시오. 다만 알아차리기만 하면 됩니다.

어떤 사람을 볼 때 찜찜하다는 거부 반응이 있을 수 있습니다. 자신의 경험을 감추는 겁니다. 있는 그대로 인정하고 사실 그대로 본다면 그 사람이 매력적으로 보일 겁니다. 누구와 비교해서 좋다 나쁘다, 크다 작다, 예쁘다 밉다 하면서 분별하는 것은 중요하지 않습니다. 뛰는 사람 위에 나는 사람 있고, 나는 사람 위에 가만히 있는 사람이 있습니다.

서광 스님

질문의 시간을 갖겠습니다. 단, 생각이나 판단, 개념을 질문하지 말고 느낌이나 정서, 감각을 말씀해주세요. 우리들은 '안다'라고 할 때 생각이나 판단, 개념적으로 접근합니다. 불교 공부는 경험을 바탕으로 합니다. 생각이나 판단, 개념은 간접적인 지식이고, 이 공간에 참여하면서 저를 쳐다보면서 이야기를 듣고 몸으로 느끼는 정서적인 심리상태는 직접적인 체험입니다. 그런 체험을 바탕으로 표현하면 모두에게 유익할 것입니다.

⊙ 세상을 살아가면서 소심한 마음 때문에 힘들 때가 많습니다. 제가 살아가면서 소심함에서 벗어나려면 어떻게 해야 합니까?

⊙ 많은 사람이 있는 곳에서 일어나 질문을 할 수 있는 사람이 소심할까요? 절대 소심하지 않습니다. 그런데 질문자는 자신이 소심하지 않다는 것을 계속 부정하고 있습니다. 자신이 소심한지 소심하지 않은지에 대한 굉장한 기준을 갖고 있습니다. 그 기준을 버려야 합니다. 우리는 누구나

소심하기도 하고 대범하기도 합니다. 여러분들이 점집에서 점을 보거나 심리검사를 할 때 그냥 '소심하다', '대범하다' 하는 것보다 '소심한 것 같으면서도 대범하다'라고 하거나 '대범한 것 같으면서도 소심하다'라고 하면 아주 잘 맞다고 생각합니다. 그런데 내가 어느 한 가지 생각에 집착하면 '나는 소심하다'라고 하거나 '나는 대범하다'라고 생각합니다. 내려놓으십시오. 그러한 고정관념을 이 순간에 털어내면 좋겠습니다.

◉ 남편이 종교생활을 너무 열심히 해서 가정에 소홀합니다. 가정생활과 종교생활의 균형을 맞춰 달라고 요구했습니다. 아이들과 지내는 시간을 가져달라고 요구하고 있습니다. 어떻게 해야 할까요?

◉ 가정생활과 종교생활의 균형을 맞추고 조절을 해야 합니다. 그런데 효과적인 방법을 선택해야 합니다. 남편이 불자라면 가족이 함께 절에 나오면 좋습니다. 또 집에서는 가족과 함께 잠깐 명상을 한다든지, 아침 식사하면서 부처님

서광 스님

말씀에 대해 대화를 나누는 겁니다. 경전의 구절이나 명상 시를 읽으면서 차를 마시거나 이야기를 나누면 됩니다.

그런데 가정생활과 종교생활을 구분해 놓고 '그것 하지 마라, 가정을 지켜라' 하면 갈등 관계처럼 보입니다. 우리 마음 하나만 바꾸면 굉장한 장점이 됩니다. 그렇게 소통하면 남편도 아주 좋아할 것이고 아이들도 정신적인 성장을 할 수 있습니다. 가정에서도 놀이를 수준 있게 하는 겁니다. 부부법회나 일요법회에 나가보세요.

⊙ 인생은 여행길이고 나그네길이라 파도가 치면 가라앉기를 기다리면서 살라고 들립니다. 현대사회를 살아가는 데 무엇인가 성취하고 싶은 생각도 있고, 그 과정에 노력과 경쟁도 필요합니다. 스님 말씀대로 그냥 여행길의 경험으로 생각하며 살아야 하는지, 사회발전을 위해서 노력과 경쟁을 해야 하는지 헷갈립니다.

⊙ 내가 동쪽 이야기를 하면 서쪽을 반대하는 것으로 오해합니다. 그러니까 여행길에서 기차시간 놓칠 것 같으면

뛰어야죠. 여행이니까 하고 가만히 앉아 있으면 되나요? 필요한 것이 있고, 원하는 목표가 있으면 성취해야 합니다. 때로는 티켓이 한 장 뿐이면 그것을 얻기 위해 노력도 해야 합니다. 중요한 것은 경쟁하지 말라는 것이 아니라 이 경쟁이 서로에게 유익한 상생이냐, 아니면 서로를 파괴하느냐 하는 겁니다. 관계에 일방통행은 없습니다. 우리가 드라마에서 보면 많이 가진 부부들의 일상이 어떠한가요? 즐겁던가요, 즐기던가요? 돈을 즐기던가요, 아름다운 정원을 즐기던가요?

치열하게 애쓰며 살고 있습니다. 하지만 성취하는 게 목적이 아니라 성취를 왜 하는지 분명히 알아야 합니다. 우리가 충분히 누리고 살 때에는 많이 필요하지는 않습니다. 내가 어렸을 때에는 콜라가 굉장히 맛있었지만 지금은 생수가 귀하고 맛있습니다. 또 어렸을 때 바나나 한 개 값이 중학생 용돈을 다 써야 했습니다. 그런데 너무 맛이 없어서 깜짝 놀랐습니다. 그래도 그 당시에는 굉장히 귀한 과일이었습니다. 지금은 그렇지 않죠.

우리가 경쟁을 할 때, 진정으로 내 불성을 실현하고 내

서광 스님

가 더 많이 사랑하고 행복해지는 경쟁인지 살펴서 알아차려야 합니다. 그래서 마지막에 세 가지 질문을 드린 겁니다. 경쟁하는 순간에 질문을 던지면서 알아차리면 굉장한 지혜를 얻을 수 있습니다.

'사랑하되 집착하지 말라'고 하면 아예 사랑 자체를 하지 않으려고 합니다. 그것은 집착하지 말라는 것이지 사랑하지 말라는 말이 아닙니다. 우리가 사랑하되 끝까지 사랑하려면 집착하거나 치우치지 말고, 지금 여기서 경험하는 사실을 알아차려야 한다는 말입니다. 경쟁하는 순간에 질문을 던지면서 알아차림 하면 굉장한 지혜가 나옵니다. 그런데 사랑하면서 집착하지 말라고 하니까 아예 사랑 자체를 안 합니다. 그건 아니죠. 집착하지 말하는 말이 사랑하지 말라는 말이 아닙니다. 우리가 사랑하되 끝까지 사랑하려면 집착하거나 어느 한쪽으로 치우치지 말고 지금 여기서 경험하는 사실을 감지하라는 얘기입니다. 경쟁을 할 때에도 나이와 상황에 따라 달라집니다. 여행길에서 느낌이나 감정이나 감각을 경험하는 것을 개념적으로 받아들이면 안 됩니다. 이러한 말이 젊은 사람들에게는 '리더십'으로 설명이 될 것입니다.

'불법이 이렇게 멋진 것이구나'라고 생각했다면, 내 삶을 잘 가꾸는 것과 더불어 가족과 친구 등 주변에 기쁨을 나누어줘야 합니다. 유식 강의를 할 때 세 가지를 강조합니다. 부처님 공부는 나에 대한 이해, 내가 인연 맺고 있는 상대에 대한 이해, 나와 상대가 살고 있는 주변 사회와 지구에 대한 이해가 함께 갖춰져야 합니다. 이 세상이 유기적이라는 사실을 알아야 합니다.

서광 스님

올바른

서원

원빈 스님

해인사로 출가했다. 중앙승가대학교를 졸업한 후 육군 군종 장교로 임관하여 군인들에게 행복의 길을 안내했다. 현재 서울 서초 자등명 선원과 경남 산청 송덕사 주지를 맡고 있으며, 2030 청년 불자들에게 위로와 행복, 희망을 전하기 위해 강연, 법회를 여는 등 활발한 활동을 하고 있다.

BBS 불교방송 라디오 〈행복한 두 시〉와 BBS 불교방송 TV 〈원빈 스님의 최고의 행복학, 불교〉를 진행했고, 지금은 BTN 불교방송 〈청춘 토크쇼 절친〉을 진행하고 있다. 더불어 팟캐스트 〈매일 15분 행복명상〉, 다음카페 〈행복문화연구소〉, 유튜브 등의 다양한 매체를 통해 대중과 소통하고 있다.

지은 책으로 《같은 하루 다른 행복》, 《명상선물》, 《불교 인문학 극락 추천서》, 《읽기만 해도 신심 나는 법구경 이야기》, 《스님의 사랑 수업》, 《나를 더 나답게》 등이 있다.

원빈 스님과 부처핸썸 blog.naver.com/cckensin
행복문화연구소 cafe.daum.net/everyday1bean
트위터 @wsunim

부처님이 기원정사祇園精舍에서 머물고 계실 때, 대중들은 행복이 뭘까 궁금해하며 서로 논쟁을 했습니다. 이것이 행복이다, 저것이 행복이다 하면서 설왕설래했습니다. 아마도 그때 대중들의 심정도 법회에 참석한 우리들과 같지 않았을까 합니다. 불안정한 마음은 여러 가지 황당한 행복론에 매료되기 마련입니다. 인도의 흔한 행복 논쟁 중 이런 말이 있습니다. '갠지스 강에서 목욕하면 천국에 간다.' 과연 그럴까요?

힌두교도들은 갠지스 강을 성스러운 강으로 숭앙합니다. 인도 설화집《바가바타 뿌라나》에서는 갠지스 강을 천상에서 내려온 물로 묘사하고 있죠. 이 설화를 근거로 갠지스강에 목욕하면 그 물의 근원인 천상으로 태어난다는 믿음이 형성된 것 같습니다. 그래서일까요? 갠지스 강에 가면 지금도 목욕하는 사람도 많이 있고, 죽어서라도 갠지스 강에 몸을 담구기 위해 그곳에서 다비를 하는 경우가 많다고 합니다.

이런 믿음은 현재뿐 아니라 부처님 당시에도 마찬가지였을 것입니다. 한 경전에서 누군가가 갠지스 강에서 목욕

하면 업을 씻고 천국에 갈 수 있으니 최상의 행복이라고 말했습니다. 부처님이 그 이야기를 듣고 "그럼 갠지스 강에 사는 물고기가 가장 먼저 성불하고 행복하겠구나"라고 말씀하십니다.

또 다른 경전에서는 '아침에 지나가는 암소를 보면 그날은 축복이 가득하다'고 하거나, '아침에 일어나 충만, 번영, 아름다움 등의 좋은 소리를 들으면 그날은 축복이 가득하다'고 하거나, '아침에 일어나 연꽃의 향기를 맡거나, 꽃의 향기를 맡는 등의 일이 있으면 그날은 축복이 가득하다'고 서로가 서로에게 주장했습니다. 이런 식의 논쟁이 오가는 가운데 부처님께서 묵묵히 기원정사에 계시는데 밤에 빛을 내뿜으면서 천신이 내려옵니다. 제석천왕이 내려와서 부처님께 청합니다.

"부처님, 천신들과 사람들을 위해서 행복이라는 것이 무엇인지 말씀해주십시오."

우리는 이 부분에서 천신이 내려와 부처님께 질문한다는 것에 주목해야 합니다. 사람들이 보기에 천신은 모든 행복한 요소를 이미 갖춘 존재입니다. 재물과 아름다움과 수명 그리고 뛰어난 힘까지 부족함이 없는 영광을 누리는 존재입니다. 부처님은 과연 이미 충분한 영광을 누리고 있는 천신들에게 어떤 대답을 해주실까요? 평범한 행복은 이미 누리고 있는 그들에게 답해주신 것이기에 그 자체로 하나하나가 위대한 행복 아닐까요?

이 질문에 부처님이 답을 한 것이 《마하망갈라경》입니다. 망갈라는 축복이나 행복으로 번역할 수 있습니다. 또한 마하는 위대하다는 의미이니 최고의 행복과 축복에 대한 내용이 담겨 있는 내용입니다. 한국에서는 '축복경' 또는 '행복경'이라고 알려진 경전입니다. 총 열네 개의 게송을 통해 최상의 행복을 말씀하시는데 그중 세 가지 행복에 대해서 이야기를 나눠보겠습니다.

부처님이 제석천왕에게 이렇게 말했습니다.

"좋은 친구를 가까이 하고, 나쁜 친구를 멀리하라. 그리고 존경할 만한 사람을 존경하면서 함께하는 것. 이것이 최상의 행복이다."

앞 구절은 《초발심자경문初發心自警文》의 첫구절이기도 해서 익숙한 분들도 있을 겁니다. '존경할 만한 사람을 존경하면서 함께하는 것'은 믿고 의지하는 스승이 있는가 하는 말입니다. 만약에 아직까지도 존경하며 헌신하는 수행의 스승이 없다면 그것은 불자에게 있어 정말 안타까운 일입니다.

출가하기 전 저는 절에 다니는 학생이 아니었습니다. 오히려 몇 년에 한 번 가끔 부모님이 절에 가자고 하면 싫다고 떼를 쓰는 학생이었죠. 그런데 고등학교 2학년 때 문득 고시생 흉내를 내고 싶었습니다. 무더운 여름방학 때 보충수업 나가기 싫었기에 꾀를 쓴 겁니다. 공부하러 갈 수 있는 절이 어디에 있는지 전국에 알아봤지만 흔쾌히 받아주겠다는 절이 없더군요. 신도도 아닌 모르는 학생이 한 달 동안 지낸다고 하니까 아무도 받아주지 않았습니다.

그러던 중 천안에 있는 광덕사라고 하는 절에서 와도 된다고 연락을 주었습니다. 그래서 그때 절에 가서 한 달 동안 있었습니다. 전에 절에 한 번도 안 가봤으니 법당에 들어가는 것도 모르고, 스님을 뵙고도 합장할 줄도 몰랐습니다. 그렇게 종교와 관계없이 그저 평범한 한 학생이 호두나무 사이를 뛰어다니는 청솔모를 흥미롭게 구경하며, 시원한 바람 소리 들으며《수학의 정석》을 들고 공부를 했습니다.

공부만 하는 일상이 조금 지루해질 때쯤의 어느 날 젊은 스님 두 분이 절에 왔습니다. 그동안 제가 생각했던 스님의 이미지는 나이 든 노스님 그리고 무표정하고 근엄한 모습이었습니다. 하지만 이 스님들은 뭔가 달랐습니다. 웃는 모습이 너무 자연스럽고 당당했습니다. 그 표정과 눈빛이 매우 낯설었지만 부러웠습니다. 두 스님이 절에 들어오시자 도량 전체가 밝아진 듯 했습니다.

대중들과 밝게 인사를 나누시던 두 스님이 이번에는 분위기가 싹 바뀌었습니다. 법당 좌우의 요사채 앞마루에 앉으시더니 한 시간 정도 좌선을 하는 겁니다. 그 두 분이 좌선을 하는데 도량 전체가 고요해진다고 느껴졌습니다.

젊은 스님들을 공부하는 척 엿보던 제게 그 모습들 하나하나가 충격이었습니다. 그렇게 자유롭게 활짝 웃을 수 있는 분들이 순식간에 이렇게 고요해질 수 있다는 사실이 놀라웠습니다. 왜냐하면 당시의 저는 활짝 웃지도 못했고, 고요해지지도 못했기 때문입니다. 어쨌든 젊은 스님들에게 큰 호감을 느낀 것은 분명합니다. 하지만 먼저 다가가서 '스님, 차 주세요' 할 수 있을만큼 용기는 없었기에 무작정 기다렸습니다. 무려 보름을 기다렸습니다. 보름이 지난 어느 날 공부하는 것이 너무나도 지루해지기 시작할 즈음 저녁 뉴스를 보고 있는데 바깥 대청마루에서 스님들 대화 소리가 들렸습니다.

'나도 저기로 나가고 싶다' 하고 있는데 때마침 그 순간 저를 불러주셨습니다.

"법우님, 수박 같이 먹어요."

기다림의 시간이 길었던만큼 전 얼른 나갔습니다. 그런데 사람을 부르셨으면 무슨 말을 하셔야 하는데 그저 수박 한 쪽 주시고는 5분 정도 한마디도 안 하십니다. 그 시간이 당시의 제게는 굉장히 낯설고 서먹했지만, 애써 고요함을 즐기며 밤하늘을 바라보며 수박을 먹으니 자연스럽게 마음이 여유로워졌습니다. 문득 스님이 제게 물었습니다.

"법우님, 법우님과 우리가 지금 이 자리에서 오늘 왜 만났는지 알아요?"

도저히 알 수 없는 질문이었기에 멀뚱멀뚱 가만히 있었

원빈 스님

습니다. 그렇게 다시 몇 분이 어색하게 지나갔을 때 스님이 답을 하셨습니다.

"법우님과 이 스님 그리고 난 전생에 도반이었는데, 지금 이 순간, 이곳에서, 이런 모습으로 다시 만나기로 약속했었는데 기억 안 나요?"

불교에 대해 전혀 모르던 고등학생인 당시의 제게는 상식적으로 믿지 못할 말이었습니다. 그런데 이상하게도 저는 그 말을 자연스럽게 믿게 되었습니다. 스님의 말을 듣는 순간 번개맞은 것처럼 등줄기가 짜릿했습니다. 제 몸뚱이가 그 말은 진실이라고 말하는 것 같았습니다. 그렇게 그 순간 그 스님들과 고등학생인 전 도반이 되었습니다.

이런 경험을 줄 수 있는 스승이 있느냐 없느냐에 따라 사람의 인생은 180도 바뀝니다. 당시의 전 나름 힘들었습니다. 자살을 생각해본 적은 없지만 어떻게든 못난 나를 극복하고 싶어서 스스로 정신과에 가서 상담을 받고 싶어했지만, 상담 비용이 없어서 마음을 고칠 용기도 못내는 찌질한 학생이었습니다. 그런데 스승이 생기는 순간 그 모든 번뇌가 해결되기 시작했습니다.

"올바른 서원을 가지고
살아가는 것,
이것이 두 번째
최상의 축복이다."

욕망이 충족될 때 나타나는 기쁨도 범부에게는 아주 소중합니다. 하지만 법을 배우고, 수행을 하면서 나타나는 환희는 일반적인 일상의 기쁨보다 훨씬 강렬한 고양감을 삶에 선물합니다. 이러한 환희를 경험하기 시작할 때 우리의 삶이 급속도로 바뀌기 시작합니다. 스님이 건넨 한마디가 환희심이 되어 제 삶을 한순간에 바꾼 것처럼 말입니다. 내가 고집하고 있는 생각과 정반대의 의견을 말하더라도 스승의 그 말을 믿고 의지할 수 있는 그런 존경하는 대상이 있는가 없는가 하는 물음입니다. 만약 현재 그런 스승이 없다면 당장 만들기 위해 노력해보십시오. 지금 생각나는 그 분, 그 분께 연락드리고 찾아가 인사드리십시오. 스승과 제자간의 이 관계를 돈독히 하셔야 합니다. 이것이 부처님께서 《망갈라경》에서 말씀하신 첫 번째 나오는 최고의 행복입니다.

부처님이 또 이렇게 말했습니다.

"올바른 서원을 가지고 살아가는 것, 이것이 두 번째 최상의 축복이다."

서원이란 남들이 가치 있다고 평가하는 것을 흉내내는 것이 아니라 스스로 정말 가치 있다고 판단하는 것과 합치될 때 실천으로 자연스럽게 연결되는 힘 있는 행원이 됩니다. 또한 이 행원이 부처님의 가르침과 어긋나지 않는다면 올바르다고 할 것입니다.

올바른 견해는 정말 중요합니다. 그중 가장 중요한 견해는 바로 이 서원입니다. 서원은 삶의 방향을 결정하는 것이기에 삶의 모든 부분에 영향을 미치는 강렬한 힘이 있기 때문입니다. 만약 큰 도둑이 되겠다는 서원이 있다면 이 잘못된 견해 때문에 삶의 전체적인 경험을 망칠 수 있습니다. 반대로 큰 보살의 삶을 살겠다고 다짐하면 삶의 미시적 경험들이 비록 좀 초라하고, 나쁠 수도 있지만 큰 틀에서는 분명 고귀합니다. 이렇듯 올바른 견해들 중 특히 서원은 자신의 삶을 어느 방향으로 이끌고 갈 것이냐 하는 기준이 되기에 부처님께서 최상의 행복으로 언급하셨습니다.

저는 해인사에서 출가했습니다. 처음 출가할 때 제일 먼저 서류를 작성합니다. '왜 출가합니까?'라는 질문에 대한 서류입니다. 이 질문에 왜 이렇게 큰 빈칸을 남겨 놓았는

원빈 스님

지 몰랐던 저는 아무 생각 없이 솔직 담백하게 출가 이유를 썼습니다. '그냥'이라는 작은 글자와 큰 여백만 남겨둔 것이지요.

실제로 출가하는 이유가 길게 없었습니다. 앞서 언급했던 첫 번째 스승님이 날짜를 정해주셔서 '네!' 하고 그날 가서 그냥 출가한 겁니다. 출가하기 전에는 정말 불교에 대해서 전혀 몰랐고, 그저 스님들처럼 되고 싶었기에 그냥 가라고 한 날 해인사로 갔습니다. 그럼 '그냥' 맞는 말 아닌가요? 어쨌든 이 '그냥' 사건으로 전 한동안 스님들에게 괴롭힘을 좀 당했습니다.

"일대사인연一大事因緣을 해결하겠다는 큰 뜻으로 출가해도 버티기 힘든 것이 해인사인데, 그냥 했다면 어차피 못 버틸 테니… 빨리 내보내주는 것이 저 행자에게도 도움이 될 거야."

행자 생활을 3개월 이상 잘 했을 때 스님들에게 들어보니 이런 이유로 제게 좀 더 힘든 일들을 시키셨다고 합니다. 또 누구나 '그냥' 출가하는 것이 당연하다고 생각했는데 다른 행자들의 출가 사연을 들어보니 '그냥'이 당연한 것은 결코 아니었습니다.

어느 날 행자들이 저녁공양 설거지까지 마치고 큰 방에 모여서 이런 저런 이야기를 하다가 자신이 출가한 이야기들을 했습니다. 도반 가운데 저보다 두 살 많은 젊은 스님이 있었습니다. 이 스님은 출가하기 전에 청소년 시절부터 싸움도 잘하고, 운동도 잘하고, 연애도 잘했다고 합니다. 다시 말하자면 공부를 지지리도 안 했다는 뜻입니다. 그런데 고등학교 2학년이 된 어느 날 문득 대학에 가고 싶다는 마음 속 서원이 생겼다고 합니다.

맨날 축구만 하고, 싸움만 하며, 공부를 안 했는데 발심한번 한다고 좋은 대학에 입학할 수 있을까요? 그런 마술 같은 일이 일어나지 않는다는 것을 우리는 모두 알고 있습니다. 하지만 이 스님은 자신의 서원을 이루기 위해 남은 기간인 일 년 정도를 '남자가 한번 하기로 한 건 반드시 해내야 한다'는 다짐으로 지독히도 앉아서 수능 공부를 했다고 합니다. 여름에는 엉덩이가 짓물러서 의자에서 일어설 때면 들러 붙은 속옷을 떼느라 고생을 했을 정도로 그렇게 독하게 공부를 했다고 합니다. 그러고는 결국 기적처럼

원빈 스님

대학교에 입학했습니다.

친구들과 가족들, 그리고 선생님들까지도 모두 깜짝 놀라게 만들며 좋은 대학에 입학했으면 이제 열심히 공부를 해야하지만, 이 스님은 '내가 노력하면 뭐든지 이룰 수 있구나' 하는 자만과 함께 '이제부터 미친 듯이 놀아보자!'라는 서원으로 열심히 놀기 시작했다고 합니다. 친구들 만나서 운동하고, 춤추는 데 가고, 술을 마시면서 그렇게 지독하게 놀면서 1년을 보냈습니다.

그러던 어느 날 새벽까지 술 마시고 놀다가 자취방으로 들어가는 길 위에서 이 스님은 큰 허망감을 느꼈다고 합니다. 공부를 목숨 걸고 하던 1년의 충만함과 비교했을 때 쾌락을 쫓는 1년의 생활은 가슴이 뻥 뚫린 듯한 허무함과 점점 더 커지는 외로움만을 선물했던 것입니다. 그날부터 문득문득 떠오르는 허망함에 시달리던 스님은 결국 친구들을 모아놓고 폭탄선언을 합니다.

"출가하겠다."

이 말을 들은 친구들은 그저 농담으로 여겼다고 합니다. 하지만 그 표정이 사뭇 진지하자 "운동 좋아하고, 술 좋아하고, 여자 좋아하는 네가 어떻게 출가를 하나?"로 시작 되는 다양한 반대 의견들이 터져 나왔습니다. 그러자 이 스님은 한참 동안 친구들 의견을 듣다가 다시 진지하게 그 들에게 말했습니다.

"내가 보물 지도를 발견했는데, 솔직히 안 가봐서 보물 이 있는지 없는지 아직 잘 몰라. 그러니 내가 먼저 가보고 정말 보물이 있으면 돌아와서 너희들에게도 보물을 나눠 줄게. 기다리고 있어."

이 말을 남기고는 다음날 해인사로 향했습니다.

가야산 자락에 도착해 하룻밤을 보낸 스님은 대장부가 출가할 때는 비장한 마음이어야 하기에, 신발을 벗어 던지 고, 양말도 벗어 던진 후 맨발로 가야산을 넘기 시작했습 니다. 발이 다 까지는 것도 모르고 갖가지 상념에 사로잡 혀 가야산을 오르다가 만난 정상에서 스님은 이유를 알 수 없는 눈물이 정말 많이 났다고 합니다. 맨발로 가야산 정상에서 평펑 울고 있는 이 청년을 본 사람이 있다면 미 쳤다고 여겼을만큼 괴상한 이 상황은 어떤 의미가 있을까 요?

원빈 스님

이 스님은 고등학교 1년, 대학교 1년 동안 삶의 롤러코스터를 타고 위로 아래로 날았습니다. 자존감을 상승시키는 서원으로 삶의 꼭대기까지도 올랐고, 쾌락에 빠지는 서원으로 허망함만 가득한 의식의 바닥으로 떨어지기도 했습니다. 이러한 무상함 속에서 탈출하기 위해 보물을 찾아 떠난 여행의 첫걸음에서 드디어 선택의 순간이 다가온 것입니다.

가야산 정상에 올라서서 해인사가 있는 곳을 바라보는 그 순간은 선택의 시간입니다. 기존에 가지고 있던 모든 것을 버리고 보물을 찾기 위해 출가하려면 해인사로 내려가야 합니다. 반대로 기존에 가진 인연들이 아쉬워 그것을 다시 가지려면 삶의 보물을 포기하고 집으로 돌아 내려가야 하는 그런 순간입니다.

소중한 행복의 보물을 찾겠다는 서원의 힘으로 바닥을 친 삶의 롤러코스터를 다시 비상시키기 위해 출발한 길이지만 갈애의 대상들을 버리지 못해, 한참을 결정하지 못하고, 정상에서 눈물 흘리며 버티고 있다가 결국 마음의 결심을 한 후 내려가기 시작할 때 그렇게 웃음이 났다고 합니다. 자기가 웃으려고 웃는 게 아니고, 울려고 우는 게 아닌데 왜 올라갈 때 울음이 나고 내려올 때 웃음이 나왔을까요? 업장소멸의 시간이었습니다.

석가모니 부처님께서는 고타마 왕자일 때 오랫동안 출가를 생각했다고 합니다. 하지만 행복의 보물을 찾기 위해 떠나기 위해서는 남겨진 모든 것들을 버려야만 합니다. 갈애가 남아 있는 한 결코 새로운 선택은 이뤄지지 않기 때문입니다. 인류의 근본 스승이신 부처님조차 오랫동안 고민하며 머뭇거리다가 아들 라훌라가 태어난 그날, 출가를 위해 떠나는 선택을 하는 것은 매우 큰 어려움이었습니다. 그렇기에 높디 높은 성벽을 뛰어 넘었다는 비유가 있다고 봅니다.

우리는 올바른 서원을 온전히 선택하지 못하고 있을 수도 있습니다. 그 이유는 서원의 힘이 부족해서 이기도 하겠지만 남아 있는 익숙한 모든 인연들에 대한 갈애 때문이기도 합니다. 이것이 바로 올바른 선택을 방해하는 낡은 힘인 업의 장애입니다. 부처님께서는 높은 성벽을 뛰어 넘어 출가를 결정했을 때 아마도 하늘을 나는 듯한 기분이었을 것입니다.

업의 장애 때문에 생기는 갈애渴愛와 두려움, 후회와 각종 망념妄念들을 이겨내고 올바른 결정을 내리고 그 방향으로 나아가기 시작하면 업장이 비어진 마음의 자리에는 환희로움이 들어서게 됩니다. 아마도 이 스님이 해인사를 향해 내려가는 그 발길은 하늘을 날 듯 가볍고 행복했을 것입니다.

그럼 '올바른 서원은 무엇인가?' 질문하게 됩니다. 이 질문은 우리의 삶이 어디를 향해 나아가고 있는지를 점검합니다.

사람은 원하는 그것대로 살아갑니다. 여러분들 마음에 있는 그 서원이 여러분 삶의 나침반입니다. 물이 안 나오는 곳을 아무리 파내려가도 결국 물은 나오지 않습니다. 물이 나올 수 있는 곳에서 노력해야만 원하는 물이 나오는겁니다. 서원이 올바르다고 하는 건 열심히 파면 행복의 물이 나오는 지점을 선택하는 것입니다. 열심히 정진한만큼 이고득락離苦得樂할 수 있는, 즉 괴로움에서 벗어나 환희를 누리는 그런 올바른 서원으로 스승, 도반과 함께 수행해나갈 수 있다면 불자로써 이보다 더 큰 행복이 과연 어디 있을 까요.

부처님은 세 번째 행복에 대해서도 이야기하셨습니다. 앞의 두 가지가 수행자 개인에 관한 주제인 상구보리上求菩提의 지침이었다면, 세 번째 행복은 개인을 넘어 사회적인 주제인 하화중생下化衆生에 대한 내용입니다. 베푸는 삶을 살고 정의로운 행동을 하는 것입니다.

우리나라에 이미 단행본으로 소개된 책《정의란 무엇인가》가 우리나라에 처음 소개되었을 때 전 군법사로 있었습니다. 병사들이 너도나도 이 책을 들고 다니기에 저도 궁금해서 읽어봤습니다.

다양한 예화와 정보들이 있었지만 그 흐름은 우리가 이미 다 아는 이야기였습니다. 정의롭게 사는 것에 대해서 윤리도덕 시간에 배운 이야기들의 조금 다른 관점들이었죠. 초등학교 시절 배운 그대로만 살아간다면 삶의 정의가 이루어진다는 것을 책을 읽으면서 느꼈습니다. 책을 읽는 동안 떠올랐던 예화를 하나 소개하겠습니다.

원빈 스님

'올바른 서원은 무엇인가?'
이 질문은 우리의 삶이 어디를 향해
나아가고 있는지를 점검합니다.
사람은 원하는 그것대로 살아갑니다.
여러분들 마음에 있는 그 서원이
여러분 삶의 나침반입니다.

어느 바닷가에 한 노인이 살고 있었습니다. 두 명의 청년이 이 바닷가에 놀러갔습니다. 청년들은 해변을 걷던 도중 한 노인을 만났습니다. 그 노인은 천천히 걸어오면서 앉았다 일어나기를 반복하며 무엇인가를 바다에 던지며 걷고 있었습니다. 청년들은 몸도 불편해보이는 저 노인이 애를 써서 바다에 던지는 것이 무엇인지 궁금했습니다. 그래서 가까이 다가가 확인해보니 노인은 해변으로 떠밀려온 불가사리를 던지고 있었습니다.

청년들은 그 모습을 참 어리석은 행동이라고 생각했습니다. 왜냐하면 노인이 애쓰며 지나온 해변에는 결국 다시 밀려나온 불가사리들이 죽음을 기다리고 있었기 때문입니다. 아무리 살려주려고 노력해봐야 구할 수 없다면 그 노력은 효율이 떨어진다고 판단한 것입니다.

사실 현대인들은 효율을 중시하기에 이 청년들의 의견이 납득될 수도 있습니다. 아무리 애써봐야 어차피 세상은 바뀌지 않고 그대로인데 왜 수고로움을 무릅쓰며 노력해야 할까요? 청년들은 노인에게 말합니다.

"어르신, 뒤를 돌아보세요. 살려주신 불가사리들이 다시

원빈 스님

떠밀려 나와 결국 그들을 구하지 못하는 거 아닙니까? 그러니 어르신 몸만 피곤한 그 일을 이제 그만하시는 게 어떤가요?"

노인은 청년들의 말을 곰곰이 생각해보더니 이렇게 답합니다.

"청년들 말도 일리가 있네. 하지만 그건 우리 입장일 뿐이야. 우리는 불가사리를 가지고 효율을 따지지만 불가사리의 입장에서는 그 효율적이지 못한 행위에 생명이 걸려 있다네. 비록 효율이 적지만 불가사리 입장에서는 새 생명 하나를 선물 받는 것인데, 생명을 두고 효율을 따질 수 없지 않을까?"

정의라는 것을 배우고 실천할 때 너무 거창하게만 생각하면 안 됩니다. 세상을 바꾸는 것만이 정의가 아니라, 휩쓸려 나온 불가사리를 바다로 다시 던져 넣어 주는 것과 같이 내가 머물고 있는 자리에서 할 수 있는 사소한 선행이 바로 정의의 시작입니다. 우리에게는 사소한 그 선행이 누군가에는 새 생명을 받는 위대한 선물이 될 수도 있는 것이기 때문입니다.

정의는 우리가 가진 바 권리와 힘으로 사소한 일부터 시작되는 정의로운 행동을 실천하는 것입니다. 그렇게 작은 정의가 모여 세상의 양심이 되살아나고, 상식이 힘을 얻을 수 있습니다. 또한 그 모습을 보고 다음 세대인 청년들이 한국의 정의를 배울 수 있는 것입니다. 자신이 실천할 수 있는 정의를 실천하며 살아가는 것, 이것이 최상의 행복이라고 부처님은 말씀하셨습니다.

우리는 대단한 것만이 정의라고 생각하지만 결코 그렇지 않습니다. 우리가 살다보면 누구나 주변에 크고 작은 영향을 미칠 수 있는 그런 위치에 놓이게 됩니다. 그 위치에서 스스로의 행위가 사소해 보일지라도 받는 사람의 입장에서는 큰 영향력을 가질 수 있습니다. 그러니 '대단한 일이 아니면 정의가 아니구나, 큰 돈이 아니면 재보시財布施가 아니구나, 대단한 일이 아니면 무애보시無碍布施가 아니구나, 대단한 법이 아니면 법보시法布施가 아니구나'라는 생각을 버려야 합니다. 이 큰 것에 집착하는 마음이 업장이 되어 작은 선행을 실천하는 데 방해가 되기 때문입니다.

부처님께서는 보시바라밀布施波羅蜜을 말씀하실 때 제

원빈 스님

일 먼저 지푸라기부터 주는 연습을 해야 한다고 했습니다. 지푸라기는 나한테 거의 쓸모없는 것이라 주는 것이 아깝지 않습니다. 얼마든지 줄 수 있는 사소한 것입니다. 이 사소한 것을 주는 연습을 먼저 한 후 마음이 더 난다면 지푸라기 다음에는 짚신을 주고, 그 다음에는 무얼 주고, 또 그 다음에는 무엇인가를 보시합니다. 이렇게 점점 마음의 인색함을 다스려가는 연습을 한다면 마지막에는 자기 목숨을 보시하는 것조차 지푸라기처럼 베풀 수 있다고《입보살행론入菩薩行論》에서 말씀했습니다.

부처님 말씀을 신뢰하는 불자라면 작은 것은 도움이 안 되고 무조건 큰 것이어야 한다는 낡은 관념을 이제는 던져버리십시오. 《무량수경無量壽經》에 '화안애어和顏愛語'라는 말이 있습니다. 사람을 만날 때 얼굴에는 온화한 미소를 준비하고, 대화할 때는 따뜻한 언어를 선물하는 것입니다. 일상을 살아가며 수없는 사람들을 만나는 우리들이 언제든지 마음만 먹으면 작은 성의만으로도 얼마든지 남을 도울 수 있습니다. 이런 방법이 바로 정의를 실현하는 시작이자, 그것이 최상의 행복이라는 것을 잊지 마시기 바랍니다.

부처님께서는 위에서 소개한 세 가지 최상의 행복 외에도 다양한 행복을 《마하망갈라경》에서 언급하셨습니다. 만약 이와 같이 살 수만 있다면 누구나 그 자리에서 최고의 행복을 얻을 수 있음을 이렇게 말씀하십니다.

이러한 방법으로 그 길을 따르면,
어디서든 실패하지 아니하고
세세생생 번영과 축복이 있으리.
이것이야말로 최고의 행복이다.

지금 내 마음속에 일어나는 환희용약하는 감각을 기억하십시오. 이를 지속적으로 수행하셔서 우리를 겁쟁이로 만드는 그 모든 핑계들, 두려움들, 업장들을 극복하시고 자유롭고 즐겁게 살아가실 수 있기를 축원합니다.

열 개의 손가락을 하나로 모으듯 흩어진 마음을 하나로 모아 거룩하신, 존귀하신, 예경 받아 마땅한 당신께 예를 갖춥니다. "성불하십시오. 나의 오랜 도반이여."

원빈 스님

성불의

약속

정목 스님

지친 사람들의 손을 가만히 잡아주는 스님, 다 큰 어른들도 안아달라며 두루마기를 부여잡으면 품에 안고 토닥거리며 '지금껏 잘 살아주셔서 고맙습니다'라고 격려하는 스님. 이런 스님을 보고 한 시인은 《엄마냄새》라는 동화책을 펴내기도 했다.

서울대학교병원과 함께 아픈어린이 돕기 '작은사랑'을 통해 백혈병 어린이들과 그 부모님을 위해 걸어온 20년, 그것으로는 세상 은혜를 다 갚지 못한다며 '길 위의 메아리 학교'를 만들어 청소년들이 여행을 통해 꿈을 찾는 일을 돕고 있다. 그뿐 아니라 아름다운 노년을 맞이하기 위한 모임인 '아노모(아름다운 노년을 위한 모임)' 활동에 힘을 쏟고 있기도 하다. 한 해, 한 해 나이 드는 것을 실감하며 나이를 먹는다는 것이 정신적으로는 더 지혜로워지며 남을 도울 수 있는 존재가 되어가는 과정이라고 여기는 스님은 세상과 이별해야 될 순간 소중하게 여겼던 것들을 편안하게 내려놓을 수 있는 법을 배우고 가르치며 살고 있다.

서울 성북구에 있는 정각사 주지이며 유나방송과 BTN 불교TV, BBS 라디오를 통해 많은 사람들에게 감동을 선물하고 있다. 지은 책으로는 《달팽이가 느려도 늦지 않다》, 《비울수록 가득하네》 등이 있다.

유나방송 una.or.kr
트위터 @jungmoksunim

'성불成佛하십시오.' 불자들은 이렇게 인사를 많이 합니다. 그럼 우리는 언제 성불할까요? 언제쯤 성불하겠다고 기약하는 사람이 있나요? 우리는 언제까지 중생으로 살고 언제부터 부처의 삶을 살게 되는 것일까요.

부처님의 탄생 설화에서 부처님은 태어나 동서남북으로 각각 일곱 걸음을 걸으셨다고 합니다. 설화라는 것은 그 진위 여부를 떠나서 설화가 갖는 상직적인 의미가 무엇인가를 알면 그 종교의 가르침과 그 설화가 갖는 내용의 의미를 파악할 수 있습니다.

해석에 따라 사람들 마다 조금씩 다르게 이야기하지만 부처님은 다른 누구의 도움도 받지 않고 홀로 일어서서 홀로 일곱 걸음을 걸으셨습니다. 이것은 일곱 걸음을 걷기 이전 여섯 걸음까지가 육도윤회六道輪廻로부터 벗어나는 것을 상징합니다. 육도 윤회로부터 벗어나 거기서 한 차원 더 나아가기 위해 한 걸음 더 내딛는 일곱 걸음째가 바로 니르바나Nirvana, 열반으로 가는 것입니다. 그러니 불교의 첫 출발이 어떤 메시지를 갖고 어떤 내용을 갖고 있는가를 우리가 이해하고 인식하고 제대로 앎으로써 불교 공부의 첫 단추를 뗄 수 있습니다.

인과응보因果應報에 따라 육도윤회를 할 때 인간 세상이나 천상 세상이나 영원히 사는 곳은 없습니다. 자신의 복락이 다 되면 이리저리 이동합니다. 여섯 개의 수레바퀴에서 벗어나 또 다른 차원으로 나아가는 것을 알려주는 것이 바로 탄생하자마자 일곱 걸음을 걸으셨다는 이야기입니다. 더 이상 중생의 삶이 아니라 붓다의 걸음으로 나아가는 것이 일곱 걸음에 담겨 있습니다.

우리가 부처님오신날 법당에 등을 밝히는 것은 무명無明을 밝히고 어두운 세계에 등불을 밝혀 지금과는 다른 차원으로 내가 나아가기 위함입니다. 이것이 부처님이 한 걸음 더 걸으셨던 일곱 번째 걸음입니다. 부처님 탄생 설화는 육도윤회를 벗어나 한 걸음 내딛음으로써 다른 세상, 차원으로 옮겨가는, 중생의 삶, 중생의 생각을 마감하고 부처의 경지, 부처의 단계로 넘어가는 것을 상징합니다. 어떻게 살면 한 차원 다른 삶으로 나아갈 수 있을까요. 왜 우리 삶은 이렇게 끊임없이 지쳐야 하고 왜 나는 이곳으로부터 한 걸음도 벗어날 수 없는 사람인가에 대해서 스스로 의문을

정목 스님

가져봐야 합니다. 그래서 육도로부터 벗어나지 못하는 나의 삶에 피로감을 느끼고 고통스럽고 고단해 벗어나고 싶다는 마음, 이 고통스러운 마음을 떨쳐버리기 위해서 무엇인가 결단을 내려야겠다는 용심이 일어나야 그때 비로소 한 걸음이 나아가게 됩니다.

부처님은 일곱 걸음을 사방으로 걸어서 고통에 빠진 세상을 내가 마땅히 편안케 하리라는 선언을 합니다. 이 한마디 선언은 불교의 시작이자 끝입니다. 첫 출발의 의미를 다시 새겨야 합니다. 어떻게 살아야 다른 차원으로 나아갈 것인가를 두 가지로 요약해보겠습니다.

육도윤회에서 한 걸음만 더 나아가면 성불입니다. 미루어둔 성불이 아니라 바로 직면한 성불이요, 내가 한 걸음 내딛으면 백척간두진일보百尺竿頭進一步입니다. 한 걸음 내딛기가 얼마나 어려운 일입니까. 한 걸음 내딛는 찰나에 닥쳐오는 두려움과 공포, 이 육도를 끝을 내야 된다는 순간에 닥쳐오는 그 어마어마한 힘, 그때 내딛어야 하는 용기, 그것은 엄청난 용맹심입니다.

하나. 우리 삶 속에서 일어나는 모든 일에 대해 다르게 반응해봅시다.

삶 속에서 일어나는 비일비재한, 사사로운 일 속에서 연꽃을 피울 수 있어야 합니다. 내게 마주치는 모든 대상, 모든 감정들에 대해 다르게 반응하기. 바로 '아하, 그럴 수도 있겠구나'라고 반응하기입니다.

인도의 시인 타고르Rabindranath Tagore(1861~1941) 집에 일하는 하인들이 많이 있었답니다. 그 하인 중에 한 명이 어느 날 아무 연락도 없이 오지 않았습니다. 타고르는 평소에 약속을 굉장히 중시하는 사람이었기 때문에 약속을 지키지 않은 하인한테 화가 났습니다. 반나절이 지나도 아무 연락이 없었고 타고르는 시간이 지날수록 더 화가 났습니다. 타고르는 분해서 오기만 하면 바로 해고해버리겠다고 생각했습니다. 오후가 되자 하인이 나타났습니다. 그런데 아무 말도 없이 자기가 평소 일하던 곳에 가서 빗자루를 들고 와서 평소 하던 대로 청소를 시작하는 겁니다. 왜 늦었다는 말도 없고, 늦어서 죄송하다는 사과도 없이 청소만 하는 하인을 보는 순간 타고르는 화가 치밀었습니다. 그는

정목 스님

하인에게 달려가 빗자루를 집어던지며 당장 나가라고 소리를 질렀습니다. 그런데 하인이 아무 말도 없이 타고르가 집어던진 빗자루를 들고 오더니 비질을 계속합니다. 그러자 타고르는 더욱 고래고래 소리를 질렀습니다. 그런데 하인이 대답을 합니다. "주인님, 늦게 와서 죄송합니다. 실은 어제 저녁에 제 딸아이가 세상을 떠났습니다." 그 순간 타고르는 뒤통수를 맞은 느낌이었습니다.

훗날 타고르는 그날, 그 느낌을 회상하며 글을 썼습니다. 고백을 했습니다.

'사람은 상대에 대한 이해가 없을 때, 그 사람의 인생에 무슨 일이 일어나는지 알 수 없을 때 얼마나 잔인해질 수 있는가를 깨달았다. 얼마나 내 방식대로 사람을 함부로 대하는지를 나는 깨달았다. 이 사람에게 어떤 일이 있고 어떤 마음을 겪고 있고, 무슨 일이 일어났는지를 알지 못하고 내 방식대로 말하고 내 생각대로 사람을 괴롭히는지.'

그날 이후로 타고르는 스스로에게 한 걸음 내딛는 더 나은 습관을 들이게 됐다고 합니다. 반드시 상대에게 무슨 사정이 있었는지를 알아보고, 그것을 알기 전에는 섣불

부처님오신날 법당에 등을 밝히는 것은

무명을 밝히고 어두운 세계에 등불을 밝혀

지금과는 다른 차원으로 내가 나아가기 위함입니다.

이것이 부처님이 한 걸음 더 걸으셨던

일곱 번째 걸음입니다.

리 남을 탓하거나 판단하지 않는 습관을 갖게 되었다고 합니다. 우린 이렇게 자신의 행위를 통해 누군가가 상처를 입었을지도 모름을 알아차리는 순간, 내가 나를 바꾸기 위해 결단을 내려야합니다. 이것이 바로 백척간두진일보입니다. 한 걸음 내딛어서 내 방식대로 남을 판단하지 않을 수 있어야 합니다. 내 눈으로 바라봤을 때 납득할 수 없는 사람, 이해할 수 없는 사람, 백 번 천 번을 봐도 이해할 수 없는 사람, 그들의 마음속으로 깊이 걸어 들어가 보면 그 사람의 내면에서 뭔가가 사건이 일어나고 있는 것입니다. 남에게 드러내지 못할, 자신만의 세상에 갇혀 있는, 정말 작고 외로운 영혼을 만날 수 있습니다.

딸이 먼저 죽거나 아들이 먼저 죽은 부모 앞에 우리가 위로를 한답시고 한다는 말이 얼마나 많습니까. '죽은 자식은 잘 살았으니 좋은데 갔을 거야. 그리고 산사람은 살아야지. 산사람 입에 거미줄 칠 수 있나, 이제 그만 슬퍼하고 당신의 일을 해야 하지 않아.' 별로 위로가 되지 않는 말입니다. 슬퍼하는 사람에게는 슬퍼하는 애도의 시간을 충분히 줘야 합니다. 그 애도하는 시간이 한 달 만에 끝나는 사람도 있고 일 년, 삼 년, 십 년이 걸리는 사람도 있습니다. 그렇더라도 기다려 줘야 합니다. 이생에 끝이 안 나도 기다려 줘야 합니다. 그것이 그 삶이 학습하고 가야할 것이기 때문입니다. 상대방의 입장에서 보기에는 안타깝기 그지없지만, 내가 안타깝다는 이유로 '아이구, 답답한 바보야, 죽은 자식이 슬퍼한다고 살아온답니까' 하는 말은 자식 죽은 부모에게 다시 대못을 박는 일입니다.

다르게 반응하기, 이것이 바로 여섯 걸음 걸어가서 백척간두에서 진일보하는 것입니다. '그럴 수 있겠구나, 그 사람이 저렇게 행동하고 말할 때는 이유가 있겠구나.' 해보는 것입니다.

우리는 늘 일상에서 같은 방식으로 같은 패턴으로 반응합니다. 저 사람이 나를 화나게 하니까 나는 화를 내는 게 당연하다고 생각합니다. 습관이기 때문입니다. 습관이 되어 있어서 매일 썼던 반응이 가장 쉽게 나타납니다. 아이를 대할 때도 마찬가지입니다. 아이가 매일 공부는 안 하고 컴퓨터 만지고 게임이나 하고 있으면 엄마 속이 터집니다. 작년에도 그 속은 터졌고 어제도 그랬고 지금도 그렇습니다. 그런데 아이의 영혼 속에 들어가 보면 그 아이의 영혼 안에서는 지금 그것만큼 자기 인생을 사로잡는 재미가 없는 것입니다.

스스로에게 대해서도 늘 같은 식으로 반응합니다. 장롱 속에 집어넣은 옛 이야기까지 끄집어내며 했던 말을 또 하고 또 합니다. '내가 왕년에 어떻게 살았냐 하면…' '내가 살아온 이야기 소설로 쓰면 열 권은 될 거야.' 이미 과거가 된 지나간 일을 회상하며 육도의 그 자리에서 계속 맴돕니다. 한 걸음 나아가지 못하는 겁니다. 일곱 걸음을 걷는데 육도를 윤회하는 여섯 걸음 가서 다시 돌아왔다 또 가고, 또 여섯 걸음 갔다가 다시 돌아오면서 왔다갔다 합니다. 지금 이 순간에도 여러분의 생각과 마음은 한 자리에 있지 않습니다. 육도의 세계를 오르락내리락 합니다. 앉아있어도 피곤합니다. 그런데 거기서 한 걸음만 앞으로 나아가는 방법이 바로 다르게 반응하기입니다. '그럴 수 있겠구나.' 이렇게 내가 나를 먼저 다잡아야 합니다. 막 달려 나가는 마음, 채찍을 휘두르려는 마음을 다잡아야 합니다. 안 그러면 입이 바로 칼날이 되어서 남을 찍어버립니다. 입을 붙잡지 못할 때, 내가 보는 방식으로 상대를 봤을 때 얼마나 잔인해질 수 있는지. 이것은 승속을 막론하고 마찬가지입니다. 스님들도 신도에게 얼마든지 상처 줄 수 있고, 신도들도 스님들께 상처 줄 수 있습니다. 육도를 돌고 있기 때문입니다. 그럴 수도 있겠구나 반응하지 못하기 때문입니다.

둘. 덕행德行을 쌓읍시다.

백척간두에서 한 걸음 나아갈 수 있는 방법입니다. 너무나 많이 듣던 이야기지만 생활 속에 어떻게 실천하고 있습니까. 여기서 말하는 덕행은 생활 속의 선행을 말하는 것이 아닙니다. 도덕과 선행의 수준은 사람이면 누구나 하면서 살아야 하는 이치입니다. 여기서 한 걸음 나아가기 위한 덕행이 있습니다.

부처님께서는 어느 한 생도 덕행을 하지 않은 적이 없습니다. 부처님 일대기를 보면 사슴의 몸으로 탄생하셨던 적도 있고, 사자의 몸으로, 코끼리의 왕으로 태어나신 적도 있다고 합니다. 향나무로 태어나 600년의 한 생을 살았을 때는 그 오랜 세월 동안 사방으로 400리가 넘는 곳에 향

정목 스님

기를 전했습니다. 그 향기를 맡기만 해도 신심의 고달픔이 사라지게 만들었습니다. 만생명과 만중생에 안식을 주었다고 합니다. 어떤 몸으로 나투어 살 때도 덕행을 멈춘 적이 없게 하는 것. 이것이 백척간두진일보하는 방법입니다. 어느 생을 살 때조차도 덕행을 놓치지 않고자 발원하고 원력 세우고 하기 힘들어도 거듭거듭 매일 매순간, 내 안에 불성을 싹 틔우기 위해 삽니다. 존중과 자비심 없이는 상대방과 자신을 존중하는 마음이 없이는 불가능합니다.

부처님 제자인 사리불舍利佛 존자의 일대기를 보면 이런 이야기가 있습니다. 사리불 존자가 석가모니 부처님의 만나기 이전 생에 이야깁니다. 사리불 존자가 저녁에 텅 빈 법당에 들어가서 호롱불을 밝혀 놓고 앉아서 떨어진 신발의 밑창을 깁고 있었습니다. 그 대웅전 안에는 부처님이 그려져 있는 벽화가 있는데 신발 밑창을 기우다 허리를 펴며 올려다보니 호롱불 불빛에 부처님의 존상이 드러나는 겁니다. 그 모습이 너무 아름다웠습니다. 사리불 존자가 고개를 들어 벽화를 바라보면 '참으로 훌륭하시도다. 어떻게 저렇게 멋지고 아름다운 분이 있을까. 내가 어떻게 하면 저렇게 멋진 분 옆에 함께 있을 수 있을까' 하며 진실한 마음 한 번 냈습니다. 내가 어떻게 하면 저렇게 아름답고 멋진 분을 내 눈으로 직접 볼 수 있는 영광이 올 수 있을까. 사리불 존자는 그 인연으로 부처님의 제자로 한 생을 살고 니르바나를 성취하셨습니다. 그냥 부처님 한번 우러르기만 했는데, 저런 분을 직접 뵐 수 있다면, 저런 분의 회상에 태어나서 내가 함께 수행하며 한 생에 바로 니르바나를 증득할 수 있다면 얼마나 좋을까 하며 한번 생각만 하여도 그 생각이 진실할 때는 이루어지지 않은 것이 없다는 겁니다. 이렇게 환희심 한번 냈던 덕행으로 붓다와 한 생에 만나게 되고 그리고 이생에서 바로 성불의 길로 들어가게 된 겁니다.

부처님은 사촌동생 제바달다提婆達多에게도 엄청난 고역을 겪으셨습니다. 제바달다는 아침에 눈만 뜨면 어떻게 부처님을 해칠까 생각했습니다. 화가 나면 상대를 보며 싸우지 말고 부처님을 한번 쳐다보십시오. 부처님을 올라다보면서 '부처님은 어떻게 하셨습니까?' 하고 물으면 부처님은 '그럴 수도 있지' 하고 계십니다. 그러면 그 순간에 또 한번

정목 스님

화가 나서 욕을 할 수도 있지만
안 할 수도 있는 것이 나입니다.
세상에는 할 수 있는 자유도 있지만
안 할 수 있는 자유도 있습니다.

깨닫는 겁니다. 이게 바로 육도에서 벗어나 백척간두에서 한 걸음 나아가는 것입니다.

자기 자신을 바꾸어나가야 합니다. 모든 사람은 자기가 자기를 다스려야 합니다. 자신을 경영하는 CEO가 돼야 합니다. 모든 사람은 자기 배를 자기가 니르바나로 건너가게 해주는 캡틴이 돼야 합니다. 누가 대신해 줄 수 없습니다. 내가 나 자신을 어떻게 경영해야 뛰어난 사람이 될 수 있고, 세상과 사람들에게 도움이 될 수 있는지를 생각해야 합니다.

덕행을 짓는 단 한 걸음은 그리 어렵지 않습니다. 근심, 걱정, 불안, 두려움이라는 감정은 우리를 가만히 내버려두지 않습니다. 블랙홀처럼 우리를 빨아들입니다. 만족하는 법이 없습니다. 두려움은 이만하면 되었다고 가버리는 경우가 없습니다. 불안도 그렇습니다. 한번 몰려오기 시작하면 브레이크가 고장 난 자동차처럼 달려옵니다. 두려움, 근심, 걱정, 이런 감정을 멈출 수 있는 것은 우러러보는 것입니다. 부처님을 우러러보는 것뿐만 아니라 내 눈앞에 보이는 모든 상대들을 화가 난 상태에서라도 우러러보기만 하여도, 상대방은 나를 비춰주는 거울이 됩니다.

부처님오신날 등을 다는 이유를 아십니까? 서로가 서로를 비춰주는 등불이 되라는 뜻입니다. 나는 이 사람의 등불이요, 이 사람은 나의 등불이니 내 행동 말 하나 하나가 위의를 갖추고 거룩해야 합니다. 오늘 당장은 그렇게 하지 못하더라도 그분의 모습을 닮고 싶다면 그분은 이런 순간에 어떻게 하셨을까 생각하며 그 길로 나아가려고 해야 합니다.

우리는 얼마든지 죄를 지을 수도 있지만 그 순간 죄를 짓지 않을 수도 있습니다. 이 모든 걸 자신이 할 수 있습니다. 화가 나서 욕을 할 수도 있지만 안 할 수도 있는 것이 나입니다. 세상에는 할 수 있는 자유도 있지만 안 할 수 있는 자유도 있습니다. 하고 싶은 대로 내지르는 것은 육도를 윤회하는 중생 놀음이지만 하고 싶지만 안 할 수 있는 그 한 번, 찰나의 금강처럼 번뜩하고 칼을 잘라버릴 수 있는 능력, 번개가 내리치는 것처럼 결단 내릴 수 있습니다. 욕할 수 있지만, 죄 지을 수 있지만, 흉볼 수 있지만, 나쁘다고 말하고 시기 질투할 수 있지만, 저 사람이 갖은 것을 뺏어올 수 있지만, 그럼에도 안 할 수도 있다는 겁니다. 그게 바로 일곱 번째 걸음입니다.

오늘 하루 걱정 안 하는 공덕을 쌓읍시다.

걱정하느라고 매일 블랙홀에 빨려 들어가서 근심, 두려움, 불안으로 살지 말아야 합니다. 저 연등 빛 하나하나가 돋아나고 여름에 태양이 강렬해질 때 나무 잎사귀는 더욱 커질 겁니다. 저 나무들은 지진이 일어나든, 태풍이 오든, 비바람이 불든, 태풍이 오든 불이 나고 수재가 오든 어떤 재난이 오더라도 스스로 할 일을 한 번도 잊은 적이 없습니다. 그저 자기에게 주어진 일을 묵묵히 하고 있습니다.

내 눈앞에 보이는 저 나무 한 그루가 우리에게 공양을 올리고 있는 성스러운 보살이라는 것을 잊지 말아야 합니다. 나무 한 그루 한 그루가 잎사귀를 돋아내며 우리의 눈을 시원하게 해주고 우리가 숨 쉴 수 있도록 산소를 뿜어내주며 끊임없이 공양을 하고 있습니다. 이 세상 만방의 나무와 꽃들 모두가 공양 올리는 세상 속에서 나는 갖은

정목 스님

것이 없다고 말하는 것은 너무 추태입니다. 무엇을 더 갖길 원하십니까? 무엇을 더 가지면 만족하겠습니까? 어떻게 살다 가기 위해 이 세상에 왔을까요. 여기저기 아프다 한들 육신은 원래가 무상한 것, 나이 들면 아픈 것이라고 생각하면서 아프다고 하면 병원 데려가서 고쳐주면 되지 탓을 할 일은 없습니다. 어차피 잘 쓰다가 놓고 가야할 것들, 매미가 허물을 벗듯이 버리고 가야 할 것들에 대해서 지나치게 연연하지 맙시다. 매 순간 내 눈 앞에 보이는 사람에게 고맙습니다, 감사합니다, 공양 올릴 수 있는 사람이 됩시다. 누가 나를 욕하고 미워할 때조차 미움을 받아들을 수 있는 보살이 됩시다. 싫은 것과 좋은 것을 구분하지 않고, 색즉시공 공즉시색 할 수 있는 이가 보살입니다.

내가 하는 말 하나, 생각 하나, 행동 하나가 고귀하고 아름답고 우아하고 고요하고 그 속에서 피어낸 연꽃 한 송이가 온 세상 만방에 향기를 전할 수 있는 존재가 되어야겠다고, 부처님이 그 길을 가셨듯이 나 또한 그 길을 가겠다고 마음을 내야 합니다. 일곱 걸음의 마지막 한 걸음을 내딛는, 천상천하天上天下에 유아독존唯我獨尊하고 삼계개고三

界皆苦를 아당안지我當安之 하리라고 내 스스로 외칠 수 있어야 합니다.

여러분 한 분 한 분이 천상천하에 유아독존입니다. 여러분 한 분 한 분의 마음자리가 삼계개고를 아당안지 할 수 있는 자리입니다. 그러니 부디 법당에 와서 형상으로만 그려진 금부처님 앞에 와서 나를 편하게 해달라고 구걸하는 거렁뱅이는 되지 맙시다.

백척간두에서 진일보, 한 걸음만 내딛으면 중생의 마음에서 바로 붓다의 길입니다. 올해 부처님오신날은 내가 스스로 내딛는 자가 되길 바랍니다.

정목 스님

모든 것은

변한다

혜민 스님

편안하고 따뜻한 소통법으로 많은 이들에게 위로와 용기의 메시지를 전달하는 친근한 '동네 스님'. 훈계가 아닌 공감을 통해 삶의 문제에 다가가고, 추상적 의미를 구체적이고도 쉽게 전달하는 화법으로 카카오스토리, 페이스북, 트위터에서 250만 명이 넘는 팔로워와 소통하고 있다. 하버드대에서 비교종교학 석사, 프린스턴대에서 종교학 박사 학위를 받고, 이후 미국 메사추세츠 주의 햄프셔대에서 종교학 교수로 7년간 재직했다. 하버드 시절 출가를 결심해 2000년 봄 해인사에서 사미계를, 2008년 직지사에서 비구계를 받으며 조계종 승려가 됐다. 현재는 서울 인사동에서 〈마음치유학교〉를 설립하여 뜻을 같이하는 이들과 함께 심리적으로 힘들어하는 이웃을 위한 다양한 치유 프로그램을 운영하고 있다.

혜민 스님 하면 먼저 떠오르는 저서 《멈추면, 비로소 보이는 것들》은 누적 판매부수 300만 부를 돌파하며 독자들의 꾸준한 사랑을 받았으며 미국, 영국, 중국, 러시아, 스페인, 독일, 브라질 등 전 세계 26개국에 판권이 수출되었다.

마음치유학교 www.maumschool.org
혜민 스님의 따뜻한 응원 스토리 채널 story.kakao.com/ch/storyhaemin
페이스북 www.facebook.com/haeminsunim
트위터 @haeminsunim
블로그 blog.naver.com/monkhaemin

우리가 살아가면서 우울하고 힘들 때가 있습니다. 그럴 때 이 말을 꼭 기억하세요.

지금 힘든 것은 지나가는 구름입니다.
조금만 힘내세요.

살다보면 끝인 것 같은 답답함과 우울감을 느낄 수 있습니다. 하지만 모든 것은 상황이 변합니다. '이것이 끝이다'라거나 '이런 상태로 영원하다'라고 착각하지 않았으면 좋겠습니다. 그래서 우울한 마음이 덜컥 들면 그것이 전부가 아니라는 겁니다.

가끔씩 '스님, 사는게 너무 힘들고 괴로워요. 나도 모르게 자살할 생각을 자꾸 합니다' 하는 사람들이 있습니다. 이분들에게 이런 이야기를 해줍니다.

"한 생각에 사로잡히지 마세요!"

보통 잘못된 한 생각에 사로잡히면 전체가 다 그런 것처럼 느껴집니다. 우울하거나 비관적일 때 그 생각에 쏙 빠져서 그 생각밖에 못합니다. 어떤 사람이 사는 게 너무 힘들어서 죽으려고 옥상에 올라갔습니다. 그런데 옥상에서 아래로 내려다보니 용기가 나지를 않았습니다. 떨어질까 말까 망설이고 있는데 전화벨이 울렸습니다. 예전에 돈 꿔준 사람이 돈을 갚겠다는 전화였습니다. 그래서 자살은 포기하고 돈 받으러 갔다고 하더군요.

우스개소리처럼 들리지만 괴롭다는 한 생각에 빠지면 죽으려고 했는데, 그 한 생각이 싹 바뀌면 죽으려는 생각도 하지 않습니다. 나쁜 생각이 올라와 한 생각에 빠지게 되면 "내 머리에 올라온 생각들이라고 모두 사실은 아니다. 그러니 믿지 마세요" 하며 빨리 털어내야 합니다. 그렇게 한 생각 털어내면 자살도 예방할 수 있습니다.

우리에게는 살아야 할 이유가 너무나 많습니다. 마음치유학교에서 사별하신 분들의 모임이 있었습니다. 아이를 잃었거나, 남편을 교통사고로 잃었거나 하는 분들를 위한 프로그램이었습니다. 이 분들은 너무 가슴 아파하며, 들어

혜민 스님

오자마자 울기 시작했습니다. 그래서 저도 내내 같이 울었습니다.

갑자기 사랑하는 가족을 잃으면 얼마나 가슴 아프겠습니까. '내가 왜 살아야 하나' 하는 생각도 합니다. 특히 아이가 죽으면 부모는 내 아이를 보호하지 못했다는 죄책감으로 더 힘들어 합니다. 그럼에도 우리가 살아야 할 이유는 있습니다. 아직 이 세상에는 나의 도움을 필요로 하는 사람들이 있습니다. 첫 아이가 죽어도 둘째 아이는 나를 필요로 합니다. 남편도 나를 필요로 합니다. 그렇기 때문에 정신 차리고 아직도 나를 필요로 하는 사람들을 봐야 합니다. 너무 힘들고 괴로워서 잘 극복하지 못할 경우, 충분한 슬픔과 애도의 시간을 가지는 것이 중요합니다. 어느 정도 시간이 지나면 상황이 바뀌고 또 살아갈 힘이 나지 않을까 생각합니다.

살다보면 자존감이 바닥을 치는 순간들이 있습니다. 요새는 특히 취업을 하려 해도 취업이 잘 안 되거나 결혼 생활도 시집과의 관계 속에서 힘들어하거나 괴로울 수 있습니다. 이렇게 자존감이 떨어졌을 때 어떻게 올릴 수 있을까요. 자존감을 갉아먹는 가장 큰 요소는 바로 내 안에 있는 열등감입니다. 조사에 따르면 세계 인구의 95%가 열등감이 있다고 합니다. 그래서 열등감이 없는 5%가 비정상이라는 말도 합니다. 누구나 열등감을 갖고 있는 겁니다.

의외로 잘 사는 사람들도 열등감이 있습니다. 왜냐면 자기보다 더 잘 사는 사람이 보이기 때문입니다. 이게 끝이 없습니다. 그렇기 때문에 항상 열등감을 느낄 수밖에 없습니다. 그러면 어쩌란 말인가요.

일단 열등감이 있다는 것을 받아들입니다. 그 다음에 그것이 갖고 있는 장점이 무엇인지 찾아봅니다. 저도 열등감이 있습니다. 키가 작다는 겁니다. 171cm인데 미국에서는 190cm 넘는 친구들이 너무 많습니다. 그래서 그들은 저를 내려다보고, 저는 올려다봐야 합니다. 어느 순간부터 그게 힘들더니 열등감이 생기기 시작했습니다. 가만히 살펴보고 따져봤습니다. '내 열등감은 이것이다' 하고 말하고 나면 그 열등감이 나를 괴롭히지 않습니다. 그 다음에 그것을 뒤집어서 생각해봅니다. 그것이 가지고 있는 장점을

혜민 스님

찾아보는 겁니다.

키 작은 것의 장점은 무엇일까요? 어떤 분은 '땅에 떨어진 돈을 가장 먼저 줍는다'고 하더군요. 또 어떤 분은 '몸 안의 피가 단거리를 돌아서 덜 피곤하다'라고 합니다. 저의 경우에는 비행기를 탈 때 이코노믹을 타도 좌석에 여유가 있어 편하게 갈 수 있습니다. 그런데 키가 큰 사람은 앞 의자에 무릎이 닿아 너무 힘들어 합니다.

어떤 사람은 집에 돈이 없어서 열등감이 있다고 하는데 이것도 역시 한 번 뒤집어 생각해보세요. 돈이 없는 것이 어떤 장점이 있는지 찾아봅니다. 집안에 돈이 없으면 먼저 도둑맞을 일이 없습니다. 문을 닫아놓을 필요도 없고 얼마나 마음 편하게 잘 수 있습니까. 또 돈 빌려달라고 하는 사람이 없어 편할 겁니다. 또 형제간에 우애가 좋습니다. 재산 상속 때문에 싸울 일도 없습니다. 이런 식으로 마음을 돌리면 어떨까요.

우리가 어떤 관점에서 어떻게 보느냐에 따라서 그것이 정말로 나를 괴롭히는 열등감이 될 수도 있고 오히려 힘든 것 때문에 내가 열심히 살았다 하는 마음을 낼 수도 있습

그럼에도 우리가 살아야 할 이유는 있습니다.

아직 이 세상에는 나의 도움을 필요로 하는

사람들이 있습니다.

첫 아이가 죽어도 둘째 아이는 나를 필요로 합니다.

남편도 나를 필요로 합니다.

니다. 그래서 열등감이 있으면 소리쳐서 이야기해보세요.

"그래, 나 키 작다. 우짜라고?"

"그래, 우리집 콩가루다. 우짜라고?"

"그래, 나 가방끈 짧다. 우짜라고?"

"그래, 나 뚱뚱하다. 우짜라고?"

"그래, 나 돈 없다. 우짜라고?"

나의 열등감을 바탕으로 삼아서 나는 훨씬 더 커질 것입니다. 나름 열심히 노력하고 있는 나는 내가 참 좋습니다. 오른손으로 어깨 두드려보세요. '이만하면 됐어!' 그리고 왼손으로 어깨 두드려보세요. '이만하면 상태 좋아' 하면서 박수 한 번 쳐주세요.

여러분들은 행복하기 위한 갖가지 조건들을 가지고 있습니다. 예를 들어 우리 아이가 좋은 대학에 들어가면 행복할 텐데, 아니면 우리 남편이 술을 좀 그만 마시면 행복할 텐데, 내가 돈이 많으면 행복할 텐데 하면서 조건을 달고 있습니다. 그런데 내가 행복해질 수 있는 그 조건들이 다 이루어졌다고 상상해보세요. 당장은 마음이 편안해집니다. 조금 시간이 지나면 또 다른 문제가 보입니다. 그렇다면 그게 아이 문제, 남편 문제, 시어머니 문제입니까? 항상 만족하지 못하고 어떤 문제가 있다고 여기는 내 마음의 버릇이 문제입니까? 내 마음의 버릇이 문제입니다. 내 마음의 버릇을 고치지 않는 한 아무리 좋은 극락정토에 데려다놔도 문제가 많을 겁니다.

내가 불행한 이유는 다른 사람들 때문이라며 항상 우리는 남 탓을 합니다. 내가 다른 사람 조종해서 내가 원하는 식으로 해야만 행복하다고 생각합니다. 그러나 내 맘대로 조종이 안 됩니다. 내 맘대로 조종이 안 될 때 불행하다고 느끼는 그 마음, 즉 내가 문제의 원인입니다. 나의 문제라는 것을 알아야 합니다.

그래서 여러분에게 감사일기를 써보기를 권합니다. 매일 잠자기 전에 오늘 고마웠던 일, 감사했던 사람 등을 세 가지씩 써봅니다. 그렇게 한 달만 해보면 내 삶이 달라집니다. 항상 다른 사람에게 문제가 있다고 생각하던 마음을 돌려서 고마운 일이 없는가를 찾아보면 내 마음 버릇을 고칠 수 있는 근본적인 방법이라고 생각합니다.

혜민 스님

저는 결혼을 하지 않았지만 부부 상담을 자주합니다. 그래서 부부 사이에 행복해질 수 있는 방법들을 정리해보았습니다. 들어보고 맞으면 써먹고, 아니다 싶으면 저 스님 결혼을 안해서 잘 모른다 생각하면서 한 귀로 듣고 한 귀로 싹 버리십시오.

아내가 남편에게 해주면 좋은 세 가지를 이야기해보겠습니다.

첫째, 하루 빨리 포기하자. 남편을 내 입맛에 맞게 바꾸려 하는데 절대 안 바뀝니다. 양말 좀 벗어서 세탁기에 넣으라고 해도 죽어도 안 넣고, 치약 중간부터 짜지 말고 바깥부터 짜라고 해도 절대 안 듣습니다. 그렇기 때문에 포기하는 편이 빠릅니다.

나의 습관, 나의 버릇도 내가 쉽게 안 고쳐집니다. 그런데 우리는 자기는 못 바꾸면서 남편 보고 바꾸라 하고 아이 보고 바꾸라 합니다. 결혼할 때 여러분이 받은 것은 종합선물 세트입니다. 받아서 포장을 뜯어보니 마음에 드는 비싼 통조림이 있는가 하면 마음에 들지 않는 싸구려 식용유도 있습니다. 그렇다고 이 종합선물 세트를 다 버릴 수 없지 않습니까. 살다보면 남편한테 마음에 안 드는 부분이 보일 거고 반대로 마음에 드는 부분도 보일 겁니다. 그럴 때 친구들 만나서 남편 욕 하지 말고 남편이 갖고 있는 장점을 보려고 하고 자꾸 이야기하려 해보세요. 그러면 그 점이 커 보입니다. 그렇게 노력 해보시길 바랍니다.

둘째, 아무리 속상해도 남편한테 독설을 날리지 말자. 특히 남자의 자존심을 갉아먹는 그런 이야기들, 예를 들어 '당신은 어떻게 남자가 되어서 그런 것도 못해' 이런 이야기 들으면 남편은 기분이 나빠집니다. 한 번 들을 땐 그냥 넘어간다 해도 두 번 세 번 들으면서 쌓이면 남자도 여자와 똑같습니다. 어느 순간 마음의 문을 닫아버립니다. 마음의 문이 닫히면 회복하기 정말 어려워집니다.

우리가 다른 사람에게서 한 가지 부정적인 말을 듣고 그것을 회복하려면 그 사람으로부터 다섯 번의 긍정적인 말을 들어야 한다고 합니다. 특히 여성분들 시댁 다녀와서 스트레스 받은 것을 남편에게 풀려고 시댁 식구 욕을 하면, 그것을 듣고 있는 남편들은 불편해합니다. 내가 화난다고 그런 이야기를 불쑥불쑥하면 안 됩니다. 오랫동안 관계를

혜민 스님

지속시켜 가야 하기 때문에 아무리 남편이라도 지켜야할 것은 지켜야 합니다.

반대로 남편도 아내에게 하지 말아야 할 말이 있습니다. 아이 키우는 것이 엄청 어려운데 남자들은 자기가 돈을 벌어주니까 쉽게 생각해서 '당신이 집에서 하는 게 뭐가 있어?' 이런 식으로 말합니다. 이렇게 얘기하면 절대 안 됩니다. 상대에게 상처를 주기 때문입니다.

셋째, 큰누나의 마음을 일으켜 남편을 측은하게 여겨야 합니다. '우리 남편 내가 밥이라도 안 해주면 어디 가서 밥이라도 얻어 먹겠나'하는 측은한 마음을 내야 합니다. 남편이 가끔 나를 서운하게 할 때도 분명 있을 겁니다. 그럴 때 남편을 보지 말고, 남편이 왜 나에게 저렇게밖에 못하는지 그 이유를 깊게 들여다보십시오. 그러면 남편의 성장 배경이 이해가 됩니다. 성장 배경에서 부모님 사이가 안 좋았거나 아버지가 엄마한테 잘못하는 것만 봐왔기 때문에 사랑하는 법을 잘 모르기도 합니다. 또는 너무 가난해서 지금 나이가 들어도 돈에 전전긍긍하고 여유가 없기도 합니다. 그런 모습이 이해가 되면 남편 안에 숨어 있는 어린 소년의 모습이 보입니다. 얼마나 힘들어하는지 보일 겁니다.

결혼 전에는 여동생의 마음으로 살아도 되지만, 결혼하면 반드시 큰누나의 마음으로 살아야 됩니다. 왜냐하면 남편이 밖에 나가서 어려운 일을 당하면 아내와 상의할 수 있습니다. 그런데 여동생의 마음으로 살면 상의할 수가 없습니다. 예를 들어 '요새 장사가 안 되네', '회사에서 곧 잘릴 것 같아' 하는 이야기를 남편이 한다고 합시다. 큰누나의 마음이라면 '여보, 괜찮아. 우리가 이런 시련 많이 겪었잖아. 분명히 이번에도 잘 넘어갈 수 있을 거야' 하면서 위로가 될 수 있습니다. 그런데 여동생의 마음이라면 '나는 어떻게 살라고 그래?' 하면서 자기 생각밖에 안 합니다. 그러면 남편이 어려운 이야기를 할 수 없게 됩니다. 내 삶에서 가장 가까운 사람하고 속 이야기를 못한다는 것은 너무나도 힘든 것입니다. 넓은 아량으로 큰누나의 마음으로 남편을 측은하게 여겨주세요.

남편이 아내에게 해주면 좋은 세 가지를 말씀드리겠습니다.

혜민 스님

첫째, 고부간의 갈등이 생기면 미래를 생각해서 아내 편을 들어야 합니다. 남편 하나 믿고 시집왔는데 남편이 자기 편 안 들어주면 서운합니다. 아내와 살 날이 더 깁니다. 아이들의 정서가 조금 불안하다 싶으면 아내의 정서가 불안하기 때문입니다. 아내의 정서를 안정시키기 위해서는 남편이 잘해야 됩니다. 혹시라도 시댁 식구와의 관계 때문에 어려운 문제가 발생하면 남편이 나서서 교통정리를 해줘야 합니다. 남편은 아내를 정말 위하는 마음을 가져야 합니다.

둘째, 아내와 보내는 시간을 가져야 합니다. 돈만 벌어준다고 해서 남편의 의무를 다한 것이 아닙니다. 한국 남자들은 일에 치이다보니 그것을 소홀히 하는 경우가 많습니다. 그런데 소홀히 하면 아내들은 어느 순간부터 터득을 합니다. 남편 없이도 잘 사는 방법을 말입니다. 절에도 가야죠, 문화센터도 가야죠, 운동도 해야죠, 친한 친구들도 만나야죠. 바쁩니다. 그런데 어느 날 갑자기 남편이 명예퇴직을 당해서 집에 있거나, 사업 실패로 집에 있거나 하면서 밥해 달라고 하면 엄청 귀찮아요. 그때 가서 푸대접을 안 받으려면 아내와 같이 시간을 보내야 합니다. 친한 친구만 최고인 줄 알았는데 우리 남편하고 노는 것도 좋다는 감을 잃게 해선 안 됩니다. 인생에서 가장 중요한 사람, 가장 소중한 친구가 어떻게 보면 남편과 아내이지 않습니까.

남자들은 나의 정체성과 일을 동일시하는 경우가 있습니다. 그러면 일이 사라졌을 때 마치 내가 사라진 것 같은 기분에 공허하고 힘든 경우가 많습니다. 일만 자기 정체성이라고 생각하지 말고 가족들하고 시간을 보냄으로써 가족과의 정체성을 확립하는 것도 중요하다고 생각합니다.

셋째, 아내의 말을 분석하지 말고 공감해주십시오. 분석하지 말아야 되는데, 남자들은 자꾸 분석하려 합니다. 아내들은 남편에게 무슨 이야기를 했을 때 이 말이 맞는지 틀리는지 당신이 분석해서 따져달라는 것이 아닙니다. 내 심정을 조금 알아 달라, 공감해달라는 의미입니다. 그냥 공감을 해주세요. 그러면 부부관계가 아주 행복해지지 않을까 생각합니까.

혜민 스님